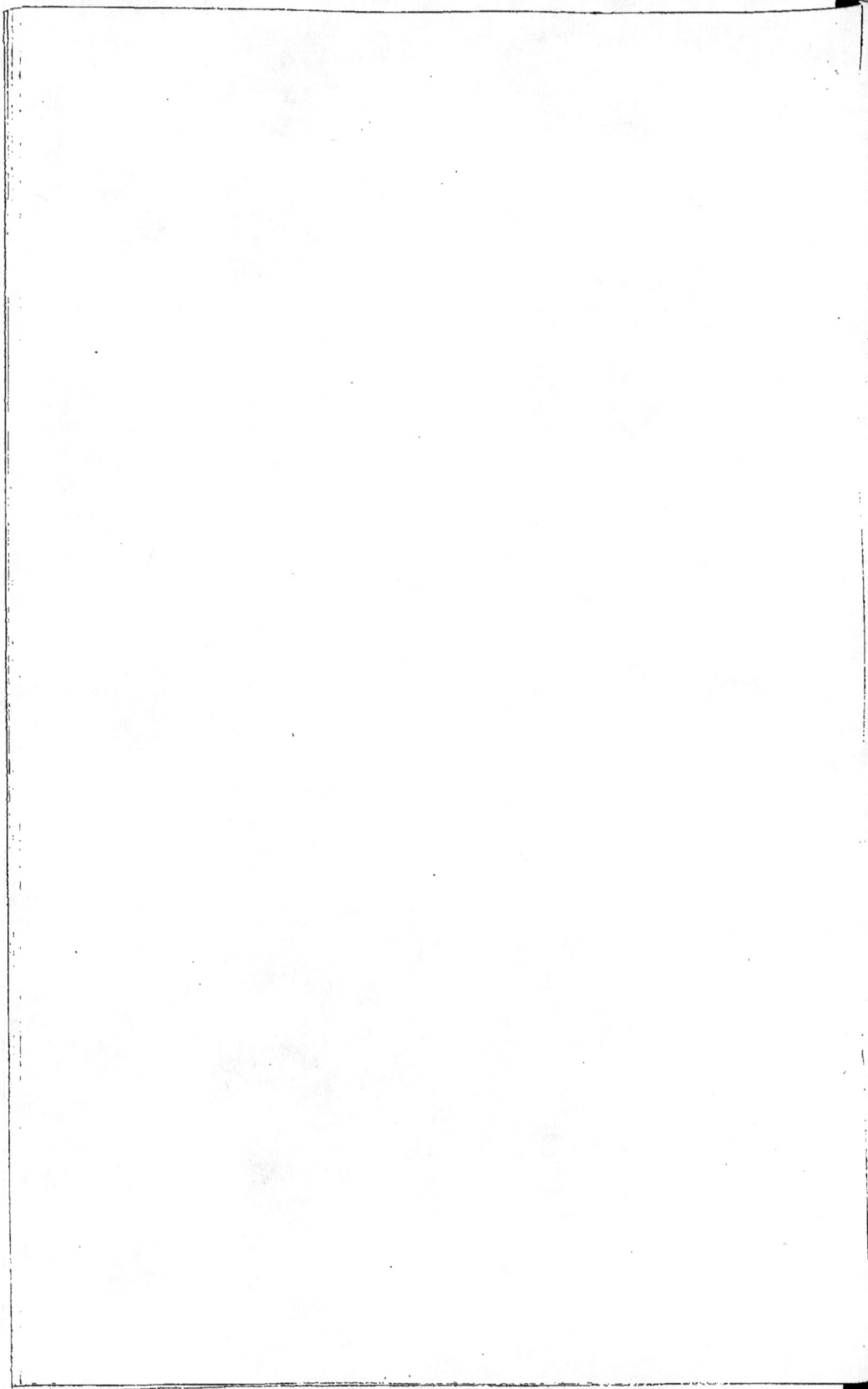

ÉTUDE

SUR LES

ASSOCIATIONS COOPÉRATIVES

PRÉCÉDÉE D'UNE

Dissertation sur les Corporations ouvrières

En Droit romain

THÈSE

POUR LE DOCTORAT

PAR

FÉLIX DU BOYS

Avocat à la Cour impériale.

GRENOBLE

IMPRIMERIE ET LITHOGRAPHIE DE MAISONVILLE ET FILS

Rue du Quai, 8.

1866

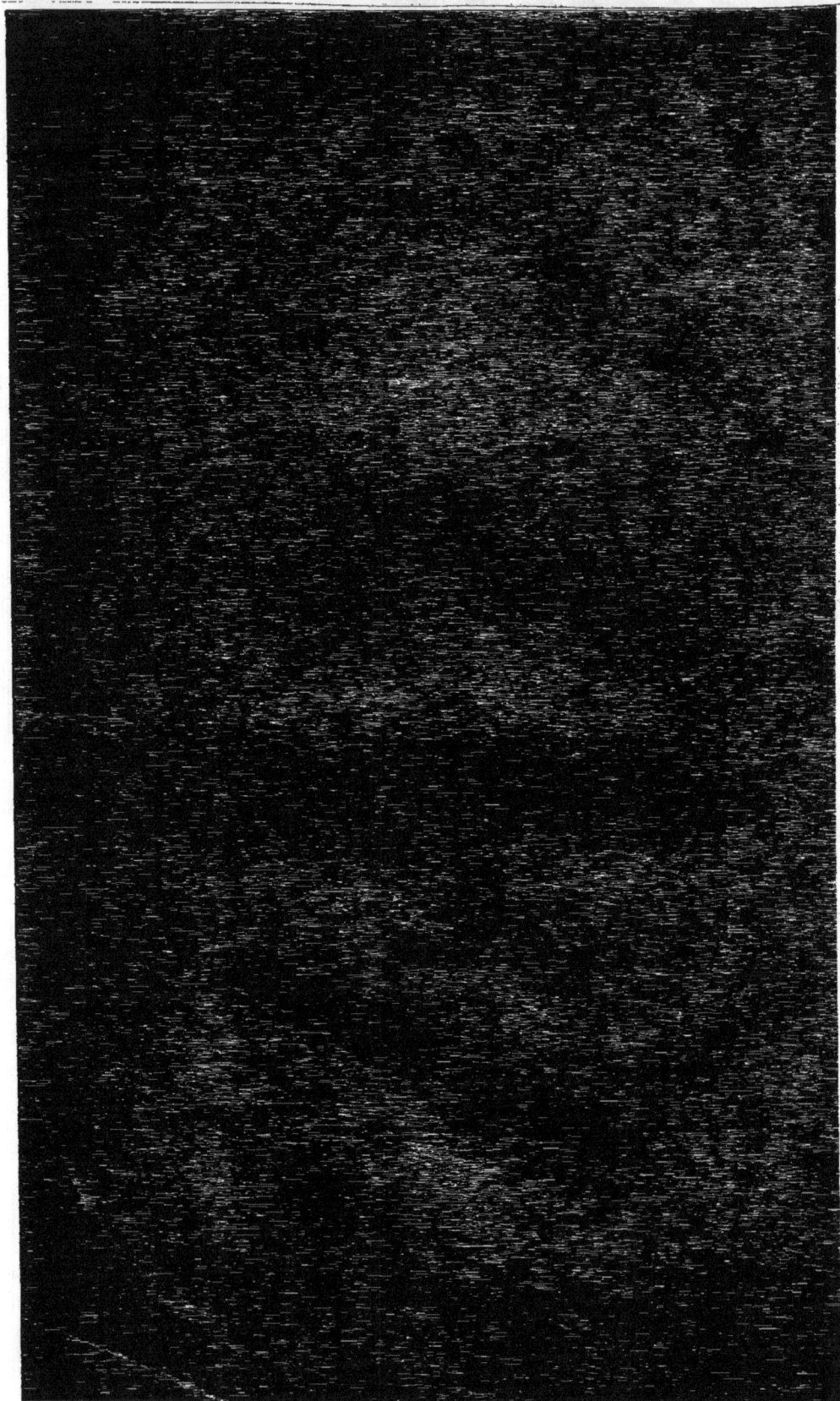

ÉTUDE

SUR LES

ASSOCIATIONS COOPÉRATIVES

PRÉCÉDÉE D'UNE

DISSERTATION SUR LES CORPORATIONS OUVRIÈRES

En Droit romain.

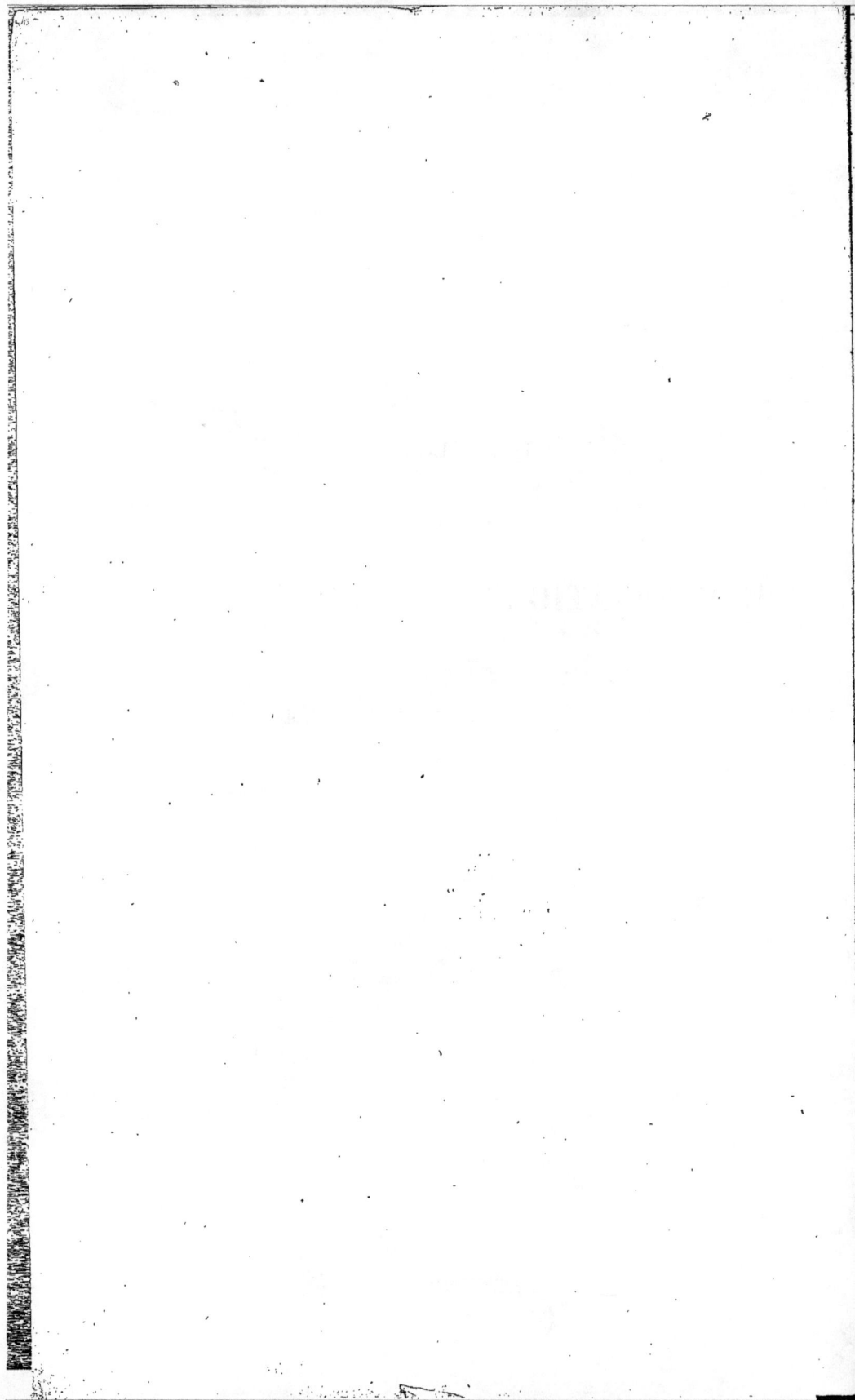

ÉTUDE

SUR LES

ASSOCIATIONS COOPÉRATIVES

PRÉCÉDÉE D'UNE

Dissertation sur les Corporations ouvrières

En Droit romain

THÈSE
POUR LE DOCTORAT

PAR

FÉLIX DU BOYS

Avocat à la Cour impériale.

GRENOBLE
IMPRIMERIE ET LITHOGRAPHIE DE MAISONVILLE ET FILS
Rue du Quai, 8.

1866

PREMIÈRE PARTIE

DROIT ROMAIN.

DES CORPORATIONS OUVRIÈRES
(Collegia opificum) (1).

AVANT-PROPOS.

C'est en vain qu'on chercherait dans l'antiquité des vestiges de l'*association coopérative* telle que nous la concevons et qu'elle tend à s'organiser aujourd'hui. A la maxime bien connue : « *Il n'y a rien de nouveau sous le soleil,* » nous répondons par cet adage : « *Autres temps, autres mœurs,* » et nous ne croyons pas qu'il faille s'obstiner à vouloir trouver dans le passé des précédents à des institutions qui ont un caractère essentiellement moderne. Le mouvement coopératif, né de l'initiative individuelle, pouvait difficilement se manifester chez un peuple où l'état était tout, et où

---

(1) Dig., lib. 47, tit. 22, *De collegiis et corporibus*; lib. 3, tit 4, *Quod cujuscumque univers. vel contr.*; Cod. lib. XI, tit. 4 et suiv.

l'individu n'était compté pour rien. Il a pu se produire seulement depuis que, sous l'influence de révolutions sociales dont nous n'avons pas à apprécier mais à constater les effets, l'affranchissement du travail a été proclamé comme un principe. Aussi à Rome, comme plus tard à l'époque de la féodalité, les corps de métiers, les colléges et les communautés ouvrières ne nous offrent rien d'analogue aux associations qui, depuis quelque temps, ont préoccupé si vivement l'attention des économistes, et qui doivent désormais prendre place dans le domaine de la science juridique.

Toutefois, nous aurons à signaler, en plein moyen-âge, l'existence de certaines associations fondées sur le principe de la *coopération*. Il est donc vrai de dire que ce mot, né d'hier, exprime une idée qui n'est pas complètement nouvelle.

Enfin, si rien ne peut nous faire présumer que les Grecs et les Romains aient connu les sociétés coopératives, du moins nous retrouvons à Athènes et même à Rome ou dans quelques villes de l'empire romain, la trace d'associations qui ont plus d'un trait de ressemblance avec nos sociétés de *secours mutuels*. Quelques détails sur leur organisation suffiront à prouver que l'esprit d'association avait pu se développer malgré les entraves que lui opposait le despotisme ombrageux des empereurs romains. Mais si cette institution s'est fait jour sous la domination romaine, ce n'est pas à Rome même, c'est à Athènes, berceau de la civilisation, qu'elle a pris naissance. Sur ce point comme sur beaucoup d'autres, la Grèce vaincue a servi de modèle à ses vainqueurs.

CHAPITRE PREMIER.

Des sociétés d'Eranistes en Grèce.

————◦✦◦————

L'étymologie du mot ερανος (1) nous indique le but philanthropique de ces sortes d'associations. — M. Van-Holst reconnaît trois sens au mot ερανος : — L'ερανος était la collecte
ou cotisation fournie par chacun des membres d'une association formée dans le but de célébrer des banquets ou des
sacrifices. Cette cotisation était payée en nature. Dans Ho-
mère (2) ερανος se dit du banquet lui-même composé des
mets donnés par les associés. — Ou bien encore c'était la
cotisation mensuelle (à Athènes, elle était de trois drachmes
par an) fournie par les membres d'une société dont le but
était de subvenir aux frais d'une entreprise licite. Ερανος est
pris alors dans un sens plus large : il s'applique à l'association elle-même. — Enfin ερανος, d'après une troisième signification, se disait des secours donnés par des amis à leurs

_____

(1) Ερανος vient d'ερως (amour), c'est-à-dire fondé sur l'amitié (*ad
amiciliam pertinens*), *Van-Holst. Γε eranis veterum græcorum,* Leyde
1832.
(2) Odyssée, ch. ı, vers. 226.

amis indigents. Afin que ces secours n'eussent pas l'apparence d'une aumône, tout se passait entre gens de la même condition associés dans un but d'assistance mutuelle. Celui qui était dans la détresse s'adressait à ses coassociés, et recevait immédiatement une somme plus ou moins considérable, destinée soit à payer ses dettes, ou sa rançon s'il était captif, soit à doter sa fille, soit encore à lui assurer les honneurs funèbres après sa mort.

Le contrat qui intervenait entre eux ne peut se comparer qu'à une sorte de *mutuum* conditionnel avec obligation de rendre lorsque celui auquel on prêtait serait revenu à meilleure fortune. Ce genre d'*éranistes* était connu à Thèbes ; ce qui nous le prouve, c'est le passage suivant emprunté à un célèbre historien : « Amicorum in se tuendo caruit facul- « tatibus; fide ad alios sublevandos sic usus est, ut possit « judicari omnia ei cum amicis fuisse communia. Nam, « cum aut civium suorum aliquis ab hostibus esset captus, « aut virgo amici nubilis propter paupertatem collocari « non posset, amicorum concilium habebat et quantum « quisque daret, pro cujusque facultatibus imperabat.. (1). » Epaminondas (car c'est de lui qu'il est question) avait exercé gratuitement les fonctions d'*éranarque* (εραναρχης). L'éranarque était chargé de recueillir les cotisations dont le taux était fixé dans l'assemblée. Il ne s'agit pas ici d'une société fonctionnant régulièrement d'après des lois ou des règlements précis, mais plutôt d'une association d'amis. Tels sont, d'après M. Van-Holst, les trois acceptions différentes du mot ερανος et les trois principaux objets de ces sortes d'associations. Il est probable que, surtout après la

---

(1) Corn. Nepos. *Epaminondœ vita*, cap. 3.

conquête d'Alexandre, ces trois objets se trouvèrent confondus, et que le même ερανος avait en même temps ses banquets, ses sacrifices ou cérémonies religieuses, ses entreprises industrielles ou commerciales, en vue de réaliser des bénéfices, et enfin ses secours organisés en faveur des membres indigents de la société.

Il existait pourtant aussi en Grèce des *confréries* ou *communautés* qui, dans l'origine, se distinguaient des ερανος par leur caractère exclusivement mystique et religieux. « Les « θιασοι (1) avaient principalement pour objet la célébration « de cérémonies secrètes et de rites mystérieux. Venues « d'Orient où elles n'étaient autre chose que des commu- « nautés religieuses, elles se propagèrent surtout dans la « partie sud-est de l'Archipel. Elles y perdirent leur carac- « tère exclusivement sacerdotal, et adoptèrent une organi- « sation analogue à celle des colléges d'Eranistes existant à « Athènes. Leur nombre s'accrut principalement sous les « successeurs d'Alexandre (2). » L'existence des θιασοι nous a été révélée par deux inscriptions récemment découvertes dans l'île de Théra.

Les membres de la communauté avaient coutume d'ériger des *stèles* (colonnes) commémoratives en l'honneur des dignitaires qui avaient mérité des éloges. L'une de ces *stèles* avait été élevée en l'honneur d'un prêtre, l'autre en l'honneur d'une prêtresse. Car la communauté se divisait en deux sections : la première pour les hommes (θιασιται), la

---

(1) L'étymologie de ce mot est probablement Θεος (Dieu).

(2) *Carle Wescher*. Notice sur deux inscriptions de l'île de Théra, relatives à une société religieuse (v. *Revue archéologique*, septembre 1865.

seconde pour les femmes (θιασιτιδες) qui avaient une prêtresse (προερανιστρια) chargée de présider aux sacrifices.

Les sociétés se distinguaient les unes des autres par les
noms des divinités qu'elles vénéraient. Ainsi, les Sérapiastes
à Athènes étaient des confréries vouées à Sérapis, les Dyo-
nisiastes à Bacchus, les Sotériastes à Jupiter Sauveur.

L'ερανος, qui avait primitivement un caractère exclusivement économique et financier, ne tarda pas à se confondre
avec le θιασος et à lui emprunter ses prêtres, ses cérémonies
et ses sacrifices. La religion tint dès lors une grande place
dans l'organisation de ces sociétés. Chaque communauté
d'éranistes avait ses sacrificateurs (ιεροποιοι) subordonnés à
un pontife (ιερευς) sous la direction duquel ils accomplis-
saient les cérémonies du culte. Les réunions (συνοδοι) se te-
naient dans des lieux consacrés. C'étaient des jardins en-
tourés de portiques et de galeries où figuraient les tableaux,
les statues et les stèles destinés à perpétuer la mémoire
des dignitaires et des bienfaiteurs de la société. Les sanc-
tuaires comprenaient aussi des bâtiments de dépendance
(οικητηρια) affectés probablement au logement des pontifes et
renfermant les objets nécessaires au culte. Les réunions
s'ouvraient par des prières; elles étaient secrètes. L'ordre le
plus parfait devait y régner, et nul étranger ne pouvait y
être admis. Les banquets qui terminaient ordinairement ces
réunions étaient considérés comme des actes religieux.
Plutarque rapporte que dans l'île d'Egine on célébrait, en
l'honneur de Neptune et sous le nom de θιασοι des fêtes qui
duraient seize jours et qui étaient marquées par des banquets où les convives devaient garder le plus rigoureux silence.

Les honneurs accordés au prêtre et à la prêtresse, d'après
l'inscription de l'île de Théra, sont à peu près les mêmes de

part et d'autre. C'est : 1° le droit pour le prêtre de porter toute sa vie (διὰ βίον) une couronne de fleurs (στέφανος ανθινος); 2° l'inscription de l'acte honorifique sur une stèle et sa proclamation en assemblée solennelle, par un héraut sacré (ιεροκηρυξ).

On a essayé d'établir qu'il y avait en Grèce deux sortes de sociétés d'Eranistes : les sociétés *privées* et les sociétés *publiques* seules approuvées et autorisées par l'Etat. Je ne sais sur quoi peut être fondée cette distinction (1). La loi de Solon, reproduite au Digeste (*de collegiis et corp.*, fr. 4) autorisait toutes les associations qui n'étaient pas contraires à l'intérêt et à la tranquillité de la république (2). Mais

---

(1) Janus Pan. *De grati animi officiis atque ingratorum pœna.* — Thèse soutenue à l'Université royale de Hollande, en 1809, p. 131-132.

(2) Dans la loi de Solon citée par Gaius, il y a un mot qui a donné lieu à une intéressante controverse. Que faut-il entendre par ces associations formées επι λειαν? M. Egger, dans ses *Etudes historiques sur les traités publics chez les Grecs et chez les Romains*, dit que « le brigan- « dage sur terre et sur mer a longtemps été chez les Grecs un moyen « commun et régulier de s'enrichir. » Il semble adopter ici l'interpré- tation donnée généralement à la loi de Solon, « associations formées en « vue du brigandage. » Samuel Petit fournit deux autres versions : d'a- près l'une, il faudrait lire, επι λειον, c'est-à-dire, association faite pour le commerce des grains; d'après l'autre, qui est celle de la Vulgate, il faudrait lire : επι αει αν, c'est-à-dire société qui doit durer pendant toute la vie des contractants. Une quatrième version vient d'être donnée dernièrement M. Caillemer, professeur à la Faculté de droit de Gre- noble, auteur des savantes *Etudes sur les Antiquités juridiques d'Athènes*, croit qu'il faut conserver le texte primitif et ne plus reprocher à Solon d'autoriser le brigandage. Un rapprochement ingénieux entre la loi de Solon et un texte de Démosthène (*Philippiques*, I, § 23) nous donne, suivant M. Caillemer, la clef de ces mots επι λειαν. Démosthènes, dans son discours, dit aux Athéniens que, puisqu'ils n'ont pas pour le moment d'armée régulière, il faut qu'ils aient recours à des armées irrégulières

cette permission générale les dispensait-elle d'une autorisation spéciale? Voilà ce dont il est permis de douter.
MM. Van-Holst et Carle Wescher affirment qu'à Athènes
comme à Rome, aucune association ne pouvait se former
sans l'approbation de l'Etat. Si donc il existait des sociétés
privées non autorisées, ou bien elles avaient un caractère
occulte qui en faisait de véritables sociétés secrètes, ou bien
elles étaient simplement tolérées, à la condition de ne pas
dépasser certaines limites.

Les sociétés d'*Eranistes* se formaient surtout dans un but
d'assistance mutuelle. Quelques-unes avaient pour but particulier d'aider leurs membres dans l'exercice d'une profession déterminée. C'étaient alors de véritables corporations
qui rappellent nos anciens corps de métiers et les *collegia
opificum* de Rome. Ainsi, à Délos il existait une confrérie
de marchands et armateurs appelés Héracléistes Tyriens,
parce qu'ils avaient Hercule de Tyr pour dieu protecteur.
« Ils sollicitent et obtiennent du peuple athénien, souve-
« rain de l'île, la permission de tenir leurs assemblées dans
« le jardin consacré à Hercule Tyrien (1). »

Quant à l'organisation des sociétés d'*Eranistes*, voici les
quelques renseignements que nous avons pu extraire des
travaux de MM. Van-Holst et Carle Wescher. Celui-ci a dé-

ἀναγκη ληστευειν. Ληστευειν et λειαν sont deux mots qui ont la même origine. Ce n'est donc pas d'association pour le brigandage qu'il s'agit dans
la loi de Solon, mais d'association pour *la course*, de la formation de
bandes armées pour les guerres de partisans. Ce serait donc la *course* et
non la piraterie ou le brigandage que Solon autorise, dans la loi reproduite au Digeste par le jurisconsulte romain. Cette interprétation du
moins ne fait pas injure à la civilisation d'Athènes (v. la *Revue historique de droit français et étranger*, 3ᵐᵉ livraison, mai-juin 1866).

(1) *Corpus inscr. græc.*, 2271, l. 13 et 14.

couvert tout récemment plusieurs inscriptions qui jettent un nouveau jour sur cette intéressante question.

Les *Eranistes* avaient des réunions tous les mois. Chacun payait une cotisation mensuelle ou annuelle entre les mains de l'Eranarque. L'Eranarque fournissait sa cotisation comme les autres associés, et souvent même il complétait avec ses propres fonds ce qui manquait pour parfaire la somme fixée par l'assemblée générale. Il était chaque année désigné par le sort (κληρωτης) (1). Ces fonctions étaient peu recherchées. Les εραγεμπολοι étaient ceux qui, moyennant un salaire fixé d'avance, se chargeaient de faire les recouvrements et réalisaient même quelquefois là-dessus un bénéfice plus ou moins considérable. Telle était la différence entre l'εραγεμπολος et l'εραναρχης (2), dont les fonctions étaient purement gratuites.

Le président (προστατης) nommé à vie et non plus désigné par le sort comme l'Eranarque, était le patron de la société. On le consultait sur les décisions à prendre, et de temps en temps on lui rendait compte de la gestion des affaires. C'était ordinairement un riche citoyen qui recevait chez lui les Eranistes et présidait à leurs repas. Il avait pour mission,

---

(1) **Les** dignitaires de la société désignés par le sort formaient un *clergé* dans l'acception étymologique du mot (κληρος).

(2) L'auteur des *Miscellæ defensiones pro Salmasio* cite un passage des *Caractères* de Théophraste, dans lequel celui-ci tourne en ridicule un éraniste qui, apercevant de loin l'Eranarque chargé de recueillir les cotisations, se détourne de son chemin et se hâte de regagner sa maison. — On comprend que ces fonctions qui étaient gratuites ne fussent pas très-recherchées. Il est probable que l'Eranarque se faisait souvent remplacer par les εραγεμπολοι et que ceux-ci finirent par exercer exclusivement un emploi auquel on ne voulait plus se dévouer gratuitement (v. *Miscellæ def. pro Salmasio*, ch. I, p. 14 et suiv.).

ainsi que l'Eranarque, de faire une enquête sur les mœurs de ceux qui étaient admis dans la société. Voici le texte d'un règlement (νομος ερανιστων) publié par M. Bœchr dans le *Corpus inscriptionum Græcarum* : « Μηδενι εξεστω ιεναι εις την σεμνοτατην συνοδον των ερανιστων πριν αν δοκιμασθη-ει εστι αγιος και ευσεβης και αγαθος. Δοκιμαζετω δε ὁπροστατης και οι ταμιαι και συνδικοι. Εστωσαν δε ουτοι κληρωτοι κατα ετος χωρις του προστατου. » « Qu'il ne soit per-« mis à personne d'entrer dans la très-vénérable assemblée « des éranistes avant qu'il ne soit reconnu qu'il est saint, « pieux et bon. Que le président, le trésorier et les syn-« dics fassent cette enquête. Chaque année, ils seront dési-« gnés par le sort à l'exception du président. »

Le questeur ou trésorier (ταμιας) était chargé de veiller sur les revenus de la société. Ces revenus provenaient de deux sources principales : 1° des dons extraordinaires des associés, des remboursements effectués pour avances faites aux membres nécessiteux, ou des amendes pécuniaires in-fligées aux membres négligents : c'est ce qui constitue l'argent commun (το αργυριον το κοινον) ; 2° de la cotisation an-nuelle des associés (ερανος). — Chaque communauté avait encore son secrétaire, ses commissaires et ses prêtres (γδαμματευς επιμεληται ιεροποιοι). Une inscription recueillie par M. Carle Wescher sur un fragment de stèle nous a fait con-naître les noms de ces dignitaires. Elle a pour objet de leur décerner des éloges et des couronnes en récompense des services qu'ils ont rendus à la société : « Puisqu'il a bien « mérité de la communauté des Eranistes en veillant avec « exactitude et justice à la garde de l'argent commun que « les Eranistes ont toujours apporté conformément aux « statuts, des cotisations et des autres revenus de la « société, et en étant un homme bon et juste, selon le ser-« ment qu'il a prêté aux Eranistes.... A la bonne Fortune.

« — Il a paru bon aux Eranistes de décerner des éloges et
« une couronne de feuillage à Alcmée fils de Théon, *tréso-*
« *rier isotèle*, à cause de son zèle et de son dévouement
« pour la communauté des éranistes ; de décerner égale-
« ment des éloges et une couronne de feuillage à Denys le
« *secrétaire*, aux *commissaires* et aux *sacrificateurs* consa-
« crés à Jupiter Sauveur et aux (dieux) sauveurs. Chacun
« d'eux recevra des éloges et une couronne de feuillage à
« cause de sa vertu et de son dévouement envers la com-
« munauté des Eranistes.... (1) »

Chaque société d'*Eranistes* formait en quelque sorte un
petit état, ayant son gouvernement, son administration intérieure, son trésor et ses règlements. La caisse de la
société était principalement une caisse de prévoyance et
d'assistance mutuelle destinée à fournir des avances aux
membres nécessiteux. — L'obligation de rembourser ces
avances à la société lorsqu'ils étaient revenus à meilleure
fortune, était-elle pour les *Eranistes* une obligation civile

---

(1) Voici le texte de l'inscription telle que M. Carle Wescher l'a reproduite (*Revue archéologique.* juin 1865) : Επει καλως και ευνοως προσ-
ενηνεχται τω κοινω των ερανιστων ευνομως και δικαιως διαφυλασσων το
αργυριον το κοινον ο αει επεφεροντο αυτοι οι ερανισται κατα τους νομους τους
κοινους των ερανιστων και τον ερανον και τα αλλα διατελει ων ανερ αγαθος και
δικαιος κατα τον ορκον ον ωμοσε τοις ερανισταις — Αγαθει Τυχει — Δεδοχθαι
τοις ερανισταις επαινεσαι Αλκμαιωνα Θεωνος ισοτελη τον ταμιαν και στεφανωσαι
αυτον θαλλου τεφανω ιλοτιμιας ενεκα και ευνοιας της εις το κοινον των
ερανιστων· επαινεσαι δε και Διονυσιον τον γραμμαθεα και στεφανωσαι αυτον
θαλλου στεφανω φιλοτιμιας ενεκα και ευνοιας ης εχων διατελει εις το κοι νον των
ερανιστων· επαινεσαι δε και τους επιμελητας και τους ειεροποιους τω Δι τω
Σωτηρι και τοις Σωτηρσιν και στεφανωσαι εκαστον αυτων θαλλου σθεφανω
αρετης ενεκα και φιλοτιμιας της εις το κοινον των ερανιστων..... *Isotèle* est un
degré intermédiaire entre le citoyen et l'étranger domicilié. Il paraît
que le trésorier de cette communauté était *isotèle*.

sanctionnée par la loi, et ouvrant contre eux une action au profit de leurs coassociés, ou bien n'était-ce qu'une obligation naturelle dont l'accomplissement dépendait de la conscience de chacun ?

Pour résoudre cette question, on a eu recours à la distinction entre l'Ερανος *privé* et l'Ερανος *public ;* et on a prétendu que l'obligation de restituer n'existait que dans les sociétés *publiques*, c'est-à-dire reconnues et autorisées par l'Etat (1). Nous avons exprimé nos doutes sur la valeur de cette distinction. Ce qui paraît certain, c'est que les statuts (Ερανικος νομος), le code particulier des Eranistes, leur donnaient certains moyens de contrainte, certaines actions pour obtenir ces remboursements qui devaient (d'après l'opinion de quelques auteurs), s'effectuer tous les mois (2). Toutefois, ce terme n'avait rien de bien rigoureux. Aussi devait-il s'élever entre les Eranistes de fréquentes contestations.

Chaque mois un collége composé de neuf *archontes* et de six *thesmothètes* se réunissait pour juger les procès relatifs aux Ερανος. Ce sont ces actions et ces jugements que Platon a voulu proscrire de sa république (3).

On appelait επαγωγεις ceux qui introduisaient l'action. C'étaient probablement des espèces d'huissiers qui étaient chargés des assignations et des poursuites (4).

Indépendamment des contestations qui pouvaient naître

---

(1) Janus Pau. *Dissertatio juridica*, p. 131, § 1 ; p. 142, § 9.

(2) S. Petit. *Ad. ll. attic.*, p. 526.

(3) L. xi. *De legibus*, p. 676.

(4) V. *Miscellæ defensiones pro Salmasio, De variis observ. et emend. ad jus Atticum et Romanum*, p. 53.

entre eux, les Eranistes avaient souvent à défendre les intérêts collectifs de leur société. La communauté une fois
constituée devenait une personne civile et pouvait ester en
justice (1).

Telle était l'organisation des sociétés d'éranistes sur lesquelles la science moderne nous a donné des détails nouveaux. Avec leur hiérarchie mi-partie administrative, mi-
partie ecclésiastique, et leurs rites mystérieux, elles font
penser à une institution dont on n'a jamais bien connu l'o-
rigine : la *Franc-maçonnerie*. Mais par leur objet, elles se
rapprochent surtout de nos *sociétés de secours mutuels*.

Trois traits principaux méritent d'être observés au point
de vue historique et philosophique dans ces associations :
c'est d'abord leur but moral et religieux. Pour y être admis, il faut être *saint, pieux et bon*. Un fait non moins
remarquable, c'est l'union du riche et du pauvre fondée sur
l'*égalité*, mot dont on a si singulièrement abusé de nos
jours en le détournant de son sens chrétien. Enfin, le troisième point à signaler, c'est l'admission des femmes au
sein de la société au même titre que les hommes. Voilà un
progrès important et curieux à noter en plein paganisme,
deux ou trois siècles avant que la salutaire influence des
idées chrétiennes ait pu se faire sentir.

---

(1) Van Holst. *De erantis veterum græcorum.*

2

CHAPITRE II.

Notions historiques sur les corporations ouvrières à Rome.
Des *Collegia tenuiorum.*

L'origine des corporations ouvrières à Rome remonte à
Numa. Les Romains viennent de se réunir aux Sabins ;
pour opérer la fusion des deux peuples et effacer toute distinction, Numa classe les artisans en neuf corps de métiers
ou *collèges*, et pour resserrer les liens qui les unissent, il
leur donne un caractère religieux. Chaque corporation a
ses banquets, ses cérémonies, ses sacrifices. Plutarque
pense (1) que cette division en neuf classes n'était pas seulement pour les artisans, mais pour tout le peuple, et que
la neuvième classe comprenait des artisans de toute sorte
de métiers. Florus (2) attribue à Servius-Tullius l'organisation des corporations ouvrières. Sans vouloir entrer dans
une discussion qui ne peut avoir qu'un intérêt purement
historique, et sans contester l'existence plus ou moins
contestable des premiers rois de Rome, nous pensons que

---

(1) Plutarque. *Vie de Numa,* 15.
(2) *Histoire romaine,* ch. 1 et 6.

les *collegia opificum*, en admettant qu'ils aient été fondés par le religieux Numa, jouèrent un rôle tout différent dans les centuries de Servius-Tullius organisées au point de vue militaire. L'industrie en elle-même était méprisée (1), et plus tard, même aux beaux jours de la république, Cicéron disait : « *Opifices omnes in sordida arte versantur* (2). »

Cependant, tous les ouvriers exerçant des professions utiles à la guerre, occupaient les premières places dans les centuries de Servius-Tullius, et avaient le droit de voter dans les comices. Ainsi, entre la première et la deuxième classe, était la centurie des charpentiers et celle des forgerons (*fabri* et *tignarii*). Quant aux artisans qui n'étaient pas des centuries privilégiées, ils étaient relégués dans la classe des *prolétaires* (3).

Lorsque le peuple romain eut été divisé en tribus, les artisans eurent une organisation particulière. On forma huit colléges qui avaient chacun leur rang déterminé. Ainsi, les *ærarii* étaient dans le troisième collége, les *figuli* dans le septième. Les six autres étaient composés des orfèvres, charpentiers, teinturiers, tailleurs, foulons, etc...... Tels furent les premiers corps de métiers.

Après les guerres puniques, au moment où le développement du luxe semble devoir favoriser l'industrie, les esclaves qui exercent tous les métiers pour le compte de leurs maîtres font une concurrence terrible au travail libre.

---

(1) Denys d'Halicarnasse (ix-25) dit qu'il n'était permis à aucun Romain d'être marchand ou artisan : Ουδενι εξην Ρομαιωνουτε καπηλονουτε χειροτεγνην εχειν βιον.

(2) Cicéron. *De officiis*, 1-42.

(3) Mommsen. *De collegiis et sodalitiis Romanorum*.

Sous la dictature de Sylla, un sénatus-consulte ordonne la dissolution d'un grand nombre de corporations. Elles sont rétablies sous Clodius (1) et supprimées de nouveau sous le consulat de Lentulus et de Metellus (2). — Lorsque Auguste, après avoir habilement ménagé les transitions, eut accoutumé les Romains à l'idée du gouvernement absolu, il modifia peu à peu l'administration intérieure de l'empire. Dans les derniers temps de la république, à la faveur des troubles et de la guerre civile, plusieurs *colléges* ou corporations s'étaient formés. Comme ils avaient quelques tendances à vivre de leur vie propre et à se rendre indépendants de l'Etat, il s'empressa de les dissoudre et ne conserva que les anciens (3). Les successeurs d'Auguste ne se montrèrent pas plus favorables aux associations libres. Un rescrit de l'empereur Sévère enjoint aux préfets des provinces de ne pas permettre qu'on forme des *colléges* dans les villes, et que les soldats en établissent dans les camps (4). Cependant, il fait une exception en faveur des *tenuiores* et des *colléges* religieux, « à condition qu'ils ne « fassent rien de contraire au sénatus-consulte qui inter- « dit les associations *illicites*. » — Jusqu'au triomphe du christianisme, les associations de chrétiens furent qualifiées d'illicites. Mais sous Constantin, la capacité civile leur fut largement départie (5).

---

(1) Clodius s'en fit un instrument pour envoyer Cicéron en exil. Aussi Cicéron dit, dans une de ses lettres à Atticus : « *Utile sibi legem de collegiis perferri.* » (Ep. 3, 15).

(2) Cicéron, liv. II, *Ep. ad Quintum fratrem*

(3) « *Collegia præter antiqua dissolvit.* » (Suétone Aug., ch. 32.)

(4) Dig. *de collegiis et corp.*, l. 1, pr.

(5) Cod. Theod. *De Episcop. et Cler.*, l. 4. Cod. Just. *De sacros. eccles.*, l. 1.

Les corporations ouvrières à Rome étaient sous la protection de l'Etat et formaient un rouage de l'administration. Ceux qui en faisaient partie étaient de véritables fonctionnaires (1) jouissant de certains priviléges et obligés aussi de supporter certaines charges. Mais les charges l'emportaient tellement sur les priviléges, qu'on fut obligé, pour les empêcher de déserter leurs professions, de les y attacher comme les serfs à la glèbe. Une constitution de Valentinien et de Théodose ordonnait de poursuivre tous ceux qui quittaient leur ancien état pour se livrer au travail des champs, de les réintégrer par force dans leur corporation (2) et d'y faire entrer tous les gens oisifs.

A Rome, les impôts se percevaient, non pas seulement en argent, mais aussi, et pour la plus grande partie, en nature. Les entreprises de fournitures, les transports, les constructions ne s'opéraient pas par adjudication. L'Etat avait ses bois, ses carrières, ses mines; et c'était lui-même qui bâtissait, charriait, réparait directement sans l'entremise d'adjudicataires (3). Au moyen des impôts en nature, il avait ses denrées, et au moyen des corvées déguisées sous d'autres noms, il avait ses charpentiers, ses boulangers, caboteurs, etc...

Tels étaient les agents qui composaient les *collegia opi-*

---

(1) Reinesius les désigne par cette expression : *Functiones civiles* (*Inscr. class.* I, n° 139).

(2) Cod. Theod., l. I, *De mancip.*

(3) On vit cependant, sous le règne de Claude, *plusieurs* particuliers se charger à leurs frais de dessécher le lac Fucin, à condition qu'on leur donnerait les campagnes qui resteraient à sec quand les eaux seraient retirées (Suétone. *Histoire des douze Césars*). Mais c'est un des rares exemples de ce genre qu'on puisse citer.

ficum. Les empereurs s'en faisaient donc un moyen de gouvernement. A l'aide des corporations, ils pouvaient pourvoir aux trois grands besoins de l'Etat, c'est-à-dire : 1° à l'administration intérieure, aux besoins généraux des finances, aux approvisionnements et à la solde des troupes ; 2° aux divertissements et à la nourriture du peuple *(panem et circenses)* ; 3° aux dépenses de la maison de l'empereur.

Dès le IIIᵉ siècle, les corps de métiers se divisent en trois groupes, qui sont : les ouvriers des manufactures de l'état, les artisans nécessaires à la subsistance du peuple et les métiers libres (1).

Les *pistores* (boulangers) affectés de père en fils au service de la boulangerie, dirigent le travail des esclaves pour moudre, pétrir et cuire. L'Etat leur livre le blé avec lequel ils font la farine et le pain. Les boulangers étaient sous la direction d'un préfet spécial *(præfectus annonæ)*. Ils avaient élevé un temple à l'Abondance *(annonæ sanctæ)*. On condamnait en punition de certains délits à exercer la profession de boulanger. C'était une peine légère (2).

Les *suarii* et *pecuarii* (charcutiers et bouchers) sont chargés des distributions de viande. Ils reçoivent les redevances en nature pour le compte de l'Etat et livrent au peuple la viande, soit gratuitement, soit au-dessous du cours.

Les *calcis coctores* (chaufourniers) sont chargés de réparer ou de construire les édifices publics avec les matériaux fournis par certaines provinces.

Les *fabricenses* (armuriers) qu'on marquait aux bras

---

(1) Levasseur. *Histoire des classes ouvrières*, tom. 1.
(2) Cod. Théod., l. 5 et 14, *de pœnis.*

pour les empêcher de fuir, étaient solidairement responsables de la déconfiture de leurs confrères (1).

Les *saccarii* (portefaix) avaient le monopole des chargements et déchargements sur le port. — Enfin, les *metallarii* (ouvriers des mines), étaient pour la plupart condamnés aux travaux forcés et marqués aux mains et aux jambes.

Les *Cæsariani*, qui étaient des affranchis chargés de régir les biens séquestrés et les successions en déshérence, formaient aussi une corporation.

Au service du prince sont particulièrement destinés les ateliers impériaux *(gynécées)* où tous les métiers sont représentés. Les ouvriers, sous le nom de *gynæcei, murileguli, monetarii, bastagarii, histriones*, etc...., travaillent tous pour le compte de l'empereur ou de sa maison. Les empereurs, par économie, s'étaient mis à fabriquer tout ce qui était nécessaire à leur propre usage, aux distributions pour les courtisans, les ministres, les armées, quelquefois aussi pour trafiquer. Ainsi Alexandre Sévère faisait teindre des étoffes de pourpre et envoyait sur le marché les plus fines et les plus éclatantes (2). Constantin vendait pour le compte du fisc des vêtements, des toiles de lin et des pelleteries. Gratien et Théodose punirent de mort et de confiscation ceux qui teignaient et vendaient la pourpre, et ceux qui achetaient de la soie aux barbares. C'est à l'empereur qu'était réservé le monopole de la pourpre et de la soie : c'est à lui que les soldats devaient acheter leurs habits (3).

Un si grand nombre de travaux confiés à des esclaves ou

---

(1) Cod. Just., liv. XI, tit. 7. *De Fabricensibus.*
(2) Lampride. *Vie d'Alexandre Sévère*, ch. 39.
(3) Cod. Théod., liv. X, tit 20.

à des affranchis diminuaient les moyens d'existence de la population libre (1).

Les ouvriers des ateliers impériaux étaient traités fort durement. Pour la moindre faute ils encouraient la peine de mort (2). Ils étaient tous solidaires (3), et leur servitude était partagée par leurs femmes et leurs enfants. Ceux qui favorisaient leur évasion étaient condamnés à une amende très-forte (4).

Les corporations qui n'étaient pas attachées au service de l'état étaient peu nombreuses, et les empereurs ne leur accordaient qu'avec une extrême difficulté l'autorisation nécessaire pour subsister. A deux reprises différentes Pline écrit à l'empereur Trajan pour obtenir cette autorisation. La première fois, c'est à la suite d'un incendie considérable qui vient d'avoir lieu à Nicomédie. Il demande à Trajan l'autorisation d'établir dans la ville un corps de cent cinquante hommes pour éteindre les incendies. Trajan répond par un refus (5). Plus tard, apprenant qu'une société de petites gens *(collegium tenuiorum)* s'est formée parmi les artisans d'Amisène, il demande à Trajan (6) d'approuver les

---

(1) C. Cantu. *Histoire des Italiens,* tom. III.

(2) Cod. Just , liv. XI, tom. VII, l. 2.

(3) Cod. Just., liv. IX, tit. VII. l. 5.

(4) Cod., liv. XI, tit. VII, liv. 7. — Il faut ajouter à cette énumération des principales corporations ouvrières à Rome, celle des *aquarii* chargés de construire et de réparer les aqueducs. La corporation se divisait en deux sections : l'une, appartenant au public ; l'autre, à César. La première recevait sa solde du *trésor,* et l'autre du *fisc.* Frontin leur reproche de faire un trafic des eaux, en les détournant des canaux publics pour les vendre aux particuliers. (V. Frontin, *De aquæductibus urbis Romæ,* §§ 75, 115, 116 et suiv.)

(5) Pline. Ep. X, 42-43.

(6) Pline. Ep. 94-93.

statuts de la corporation. Cette fois l'autorisation est accordée, « à condition que l'argent provenant des cotisations
« servira à subvenir aux besoins des membres indigents et
« non à enrégimenter des factieux et à former des réu
« nions illicites ; *eo facilius si tali collatione, non ad*
« *turbas et illicitos cœtus sed ad sustinendam tenuiorum*
« *inopiam uterentur.* »

Ces *collegia tenuiorum* dont il est question au Digeste
avaient donc une existence légale. Ils avaient paru mériter
la faveur impériale, puisque dans un rescrit l'empereur
Sévère, après avoir enjoint aux gouverneurs des provinces
d'empêcher qu'on ne forme des *colléges* dans les villes et
dans les camps, fait une exception relativement aux
tenuiores :

*Sed permittitur tenuioribus stipem menstruam conferre
dum tamen semel in mense coeant*....... (1).

Quelle est la signification du mot *tenuiores*, et quel
était le but de ces sortes d'associations ? — Les *tenuiores*
étaient les petites gens, c'est-à-dire les petits artisans
vivant de leur travail. Les esclaves mêmes étaient admis
dans ces *colléges*, mais seulement du consentement des
maîtres. Et les curateurs de la corporation ne pouvaient
les y recevoir à l'insu de leurs maîtres ou malgré eux sous
peine de payer cent pièces d'or par chaque esclave (2).

Les *tenuiores* formaient-ils un collége à part ? — Peutêtre appartenaient-ils chacun à une corporation suivant le
métier qu'ils exerçaient et là ils jouissaient de certains priviléges, entre autres de celui de recueillir chaque mois les

_____

(1) Dig., l. 1, *De coll. et corp.*
(2) Dig., l. 3, § 2, *De coll. et corp.*

cotisations fournies par leurs confrères plus riches et destinées à subvenir à leurs besoins. C'est ce que semblerait indiquer la loi 5 *(De jure immunitatis)*, l'un des rares textes où il soit question des *tenuiores* (1). Il est dit dans cette loi que ceux qui reviennent à meilleure fortune et peuvent supporter les charges civiles ne doivent plus jouir des priviléges accordés aux petites gens répartis dans les diverses corporations. Ces mots : *tenuioribus per collegia distributis,* me paraissent difficiles à interpréter autrement.

M. Mommsen croit que les *collegia tenuiorum* avaient pour but de subvenir aux frais de sépulture pour les ouvriers indigents (2). Plusieurs inscriptions nous montrent quel soin les corporations mettaient à procurer à leurs membres les honneurs funèbres. C'est donc à l'aide de cette cotisation mensuelle *(menstrua stipe)* que se payait le *funeraticium*, c'est-à-dire les frais funéraires.

Plus tard, on désigna sous la même dénomination les institutions charitables qu'on vit naître sous l'influence du christianisme : « *Modicam unusquisque stipem menstrua die vel cum velit et si modo possit apponit* (3). »

Il paraît donc certain que les Romains avaient l'idée de l'association dans un but d'assistance mutuelle et que les *collegia tenuiorum* de Rome n'étaient qu'une réminiscence

---

(1) Ainsi, chaque corporation d'artisans aurait eu son *collegium tenuiorum* (Dig.. l. 5, § 12, liv. 50, tit. 6).

(2) C'étaient en apparence des sociétés *d'enterrement mutuel.* (V. Renan. *Les Apôtres*, ch. 18, p. 359.) — Orelli. *Inscriptiones*, 4107, 4079, 4093, 4420. — Mommsen cite l'inscription suivante : K. J. C. « Convenire collegiumque habere liceat.... qui stipem menstruam conferre « vo.... ii collegium coeant neque sub specie ejus collegii... nisi semel « in men.. *ferendi causa unde defuncti sepeliantur.* »

(3) Tertullien, *Apologétique*, ch. 39.

des sociétés d'*Eranistes* à Athènes. Les textes que nous venons de citer suffisent à le prouver sans qu'il soit besoin de recourir à certains vers de Juvénal auxquels on a donné une fausse interprétation (1).

Comme les corporations du moyen-âge, les *collegia opificum* étaient empreints d'un caractère religieux. Ils avaient leurs temples, leurs cérémonies, leurs dieux protecteurs. Mais le culte des dieux n'était qu'un accessoire : leur objet principal était de mettre à la disposition du gouvernement les bras et les produits nécessaires pour l'administration centrale. On peut citer comme exemple les *Dendrophores* qui n'étaient pas, comme on l'a dit, des marchands de merrain, mais une corporation chargée du transport des bois de l'état. Ils devaient aussi fournir le combustible pour les bains publics et entretenir les machines de guerre. Ils avaient pour divinités Sylvain et Cybèle comme les charpentiers et les forgerons. Leurs fonctions étaient classées parmi les *munera sordida* incompatibles avec la dignité de curiale (2). Cependant vers la fin de l'empire la fonction de curiale était tellement redoutée à cause des charges immenses qu'elle imposait, que ceux qui voulaient s'y soustraire ne reculaient devant aucun moyen. Il y en avait un fort en usage alors.

On achetait ou on se faisait transmettre par testament le patrimoine d'un *naviculaire*, d'un *dendrophore* ou de quel-

---

(1) Satire III (v. 212-222). Il ne s'agit dans ces vers de Juvénal que des *hérédipètes* ou captateurs de testaments (V. *Deuxième Etude sur les Antiquités juridiques d'Athènes ; Lettre de change et contrat d'assurance*, par E. Caillemer)

(2) Rabanis. *Recherches sur les Dendrophores et les Corporations romaines en général* (Bordeaux, 1841).

que membre d'une autre corporation. Ce patrimoine soumis aux *munera sordida* faisait descendre son possesseur dans la classe des *collegiati*, et le mettait à l'abri du dangereux honneur de la curie. Cette fraude fut découverte, et les empereurs décidèrent qu'en pareil cas on serait soumis à la fois aux charges de la curie et à celles du *naviculaire* ou du *dendrophore* auquel on succédait (1).

A côté des corporations ouvrières, il y avait des confréries purement religieuses *(sodalitia)* qui n'avaient d'autre but que de veiller à l'entretien des temples et au culte de certains dieux. Ainsi le *collége des Augustales* était une confrérie de prêtres instituée par Tibère en l'honneur d'Auguste auquel on rendait les honneurs divins. Cette confrérie n'avait d'autre rapport que par le nom avec les Augustales, magistrats intermédiaires entre les décurions et le peuple, qui formaient un ordre analogue à celui des chevaliers (2).

Domitien avait institué un collége en l'honneur de Minerve (3).

Parmi les corporations religieuses, il y en avait qui n'étaient pas reconnues par l'Etat. Elles se formaient ou se dissolvaient sous l'influence des superstitions dominantes et en raison du plus ou moins de foi des empereurs aux objets de leur culte. Les *sodalitia*, dont nous n'avons pas du reste à nous occuper ici, ne doivent donc pas être confondus avec les Colléges d'artisans.

---

(1) Cod. Theod. liv. xii, tit. 1.
(2) *Recherches sur les Augustales*, par M. Egger.
(3) Suétone. *Domitian.*, cap. 4.

CHAPITRE III.

Définition des colléges. — De leur nature et de leur organisation. — En quoi ils diffèrent des sociétés.

Il importe de donner une définition des colléges et de préciser le sens de ces mots : *Collegium, corpus, universitas.* Voici la définition que nous trouvons dans une dissertation sur le titre *de collegiis et corporibus :* « *Collegium* est le- « gitima trium pluriumve personarum ejusdem conditionis « vel sacrorum vel muneris vel negotiationis aut *opificii* « vel amicitiæ et communium studiorum causa consociatio. « *Corpus* est plurium collegiorum conjunctio. *Universitas* « omnium collegiorum et corporum ejusdem oppidi jure « sociata multitudo (1). » Cette signification il est vrai n'a rien de bien rigoureux ; car souvent les trois mots sont pris indifféremment l'un pour l'autre.

Les colléges sont organisés sur le modèle des municipes. Chaque collége a ses magistrats désignés sous le nom de

(1) *Universitas* est donc la désignation générique. Les *collegia* et *corpora* sont à *l'universitas* ce que l'espèce est au genre (Wassenaer. *Dissertatio ad tit. de colleg. et corp.* (*Fellembergii jurisprudentia*, tom. I, cap. VII, pi 400).

duumvirs ou *magistri quinquennales*. Associés et magistrats, tous se mettent sous la protection d'un patron,
riche citoyen, chargé de maintenir les droits et priviléges
de la corporation. — Il était d'usage que le patron après sa
nomination fît des largesses au peuple. Ainsi on voit sur
une inscription qu'un *dendrophore*, pour célébrer son
élection au *duumvirat quinquennal*, déposa dans la caisse
de la corporation dix livres d'argent et fit distribuer au
peuple 10,000 sesterces (1).

Lorsque le collége n'avait pas de recteur, c'était le plus
ancien par ordre d'inscription sur l'*album* qui faisait les
convocations. On se réunissait dans un local particulier
destiné aux séances. Ce local était quelquefois le temple
consacré au dieu protecteur de la corporation. Une inscription mentionne la délibération prise par les *couvreurs*
(centonarii) et les forgerons (fabri) dans le temple du collége (2).

La caisse de la corporation *(arca communis)* était confiée
à un trésorier *(arcarius)*. Elle était alimentée par trois
sources principales de revenus : les cotisations des artisans
(stipes menstruæ pour les *tenuiores)*, les dons fréquents
faits à la corporation et les héritages des membres morts
sans héritiers naturels (3).

Chaque collége peut avoir ses règlements, ses statuts
particuliers, pourvu qu'ils n'aient rien de contraire aux lois.
C'est ce que porte la loi 4 (*De coll. et corp.*) : *Quidquid*
« *hi disponent firmum sit nisi hoc publicæ leges prohibue-*
« *rint.* » En sa qualité de personne morale, la corporation

---

(1) Orelli, *inscr.* 4076 et 4088.
(2) Pancirolle. *De magistris mnnicip.*, p. 199, ed. 1602.
(3) Cod. Just. *const.* 1 et 5, liv. vi, tit. 61.

a le droit d'exprimer sa volonté relativement à la gestion de ses affaires et de ses biens. Ce sont ordinairement les statuts qui règlent les conditions nécessaires à la validité de ses décisions. Mais si les statuts sont muets, suffit-il que tous les membres qui ont droit de suffrage soient convoqués, et que la décision soit rendue à la simple majorité des voix? C'est ce qui semblerait résulter de plusieurs textes, notamment de la loi 160, § 1 *(De regul. juris)*, et de la loi 19 *(Ad municip. et de incolis)* : « *Refertur ad universos quod publice fit per majorem partem* (1). » Mais la loi 3, au Digeste *(De decretis ab ordine)* (2), exige pour la validité des décisions rendues par une curie ou une ville que les deux tiers des décurions aient concouru à la délibération. Jusque-là on pourrait soutenir, avec Mackeldée, que c'est une disposition spéciale aux municipes et aux curies, et que les corporations doivent être régies par le droit commun, qui n'exige que la simple majorité. Mais la loi 3 *(Quod cujuscumque univers.)* vient confirmer la loi 3 *(De decretis ab ord.).* Elle s'applique, non-seulement aux curies et aux municipes, mais à toutes les *universitates* en général, par conséquent aux colléges et corporations, puisqu'elle est placée sous la rubrique du titre IV (livre III), qui traite des communautés. Or, cette loi décide que le syndic ou fondé de pouvoir ne peut agir que lorsqu'il y est autorisé par la loi, ou, à défaut de loi, par l'ordre assemblé, c'est-à-dire par le suffrage des deux tiers au moins de ses membres. Du reste, il est facile de concilier

---

(1) Dig., lib. 50, tit. 1.

(2) Dig., lib. 50, tit. 8. « Lege autem municipali cavetur ut ordo non « aliter habeatur quam duabus partibus adhibitis. »

ces lois avec le principe général posé au titre *De regul. juris* (L. 160). Il suffit de faire une distinction. La loi 160 valide toute décision prise par la simple majorité. Les deux autres lois exigent que les deux tiers au moins des membres de la communauté *assistent* à la délibération *(Cum duæ partes adessent)*. Il n'y a rien là d'incompatible. En un mot, voici quelle est, je crois, la véritable interprétation de ces textes : *Présence* des deux tiers des membres convoqués, pour la validité de la délibération; *suffrages* de la simple majorité des membres présents, pour la validité de la décision.

Il ne faut pas moins de trois personnes pour former un collége. « *Neratius Priscus tres facere existimat collegium* (1). » Mais une fois constitué, il peut être réduit à n'avoir plus qu'un membre sans être dissous pour cela. « Si la communauté est réduite à un seul de ses membres, il peut poursuivre et être poursuivi au nom de cette communauté dont tous les droits reposent sur la tête d'un seul (2).» C'est un des points sur lesquels les colléges diffèrent complètement des sociétés.

La *société*, en effet, peut se former avec deux personnes seulement. Elle se dissout par la mort d'un des associés. Il est vrai que la *société vectigalium*, qu'on appelle quelquefois *societas collegiata*, parce qu'elle a un caractère public et une grande analogie avec les corporations, subsiste même après la mort d'un associé, pourvu qu'on soit convenu que la part du défunt dans la société passera à son héritier (3).

---

(1) Dig., l. 85, *De verborum significatione*.
(2) Dig., l. 7, § 2. *Quod cujuscumque univers.*, lib. III, tit. IV.
(3) Dig., l. 59, *Pro socio*.

Mais c'est là une exception au principe qui régit les sociétés ordinaires.

Plusieurs autres différences méritent d'être signalées entre les *sociétés* et les *colléges* ou corporations. Ainsi, il est de l'essence même du *collége* d'avoir une cause *perpétuelle* et un caractère public. La société, au contraire, a un caractère privé et temporaire (2). La société étant formée dans un but d'intérêt privé n'a pas besoin de l'autorisation de l'Etat qui est nécessaire au collège (3). Celui qui fait partie d'une société n'y entre que de son plein gré, et s'engage volontairement. Celui qui fait partie d'une corporation d'artisans attachée au service de l'Etat, est assujetti malgré lui aux charges qui lui sont imposées. Le fils d'un boulanger, par exemple, ou d'un patron de barque *(navicularius)* (4), appartient par droit de naissance à la profession que son père a exercée. S'il quitte la corporation, celle-ci peut toujours le revendiquer sans qu'il puisse se soustraire à ses poursuites par aucun laps de temps (5). Enfin, il n'est permis de faire partie que d'une corporation autorisée. Celui qui est membre de deux colléges est obligé d'opter pour celui où il veut rester, et il emporte, en sortant de l'autre, la part qui doit lui revenir dans le fonds commun (6). La même prohibition n'existe pas pour les sociétés.

---

(1) Il faut toujours excepter la *société vectigalium* (Mommsen. *De coll. et sed. Romanorum*).

(2) Dig., l. 2, § 1, *De coll et corp.*

(3) Les *navicularii* étaient chargés de faire à leurs frais les transports de blés, de vivres et d'impôts de l'Afrique et de l'Espagne à Rome.

(4) Cod. Theod, l. 1. *De his qui cond. propr.* Cependant, une constitution d'Honorius permet aux *naviculaires* de s'affranchir de leur profession par une prescription de 50 ans (Cod. Theod. l. ult. *De prædiis navicul.*).

(5) Dig., l. 1, § 2. *De coll. et corp.*

3

CHAPITRE IV.

**Des colléges ou corporations considérées comme personnes
morales dans leurs rapports avec le droit civil.
Des syndics.**

Tout collége licite, c'est-à-dire reconnu par l'Etat, est une
personne morale distincte de ses membres, jouissant des
mêmes droits et pouvant exercer les mêmes actions que
les particuliers. Cette proposition une fois établie, nous
aurons à examiner les corporations dans leurs rapports
avec le droit privé.

Le *jus personæ* fut accordé d'abord à tous les *colléges*
institués dans un but d'utilité publique et reconnus par
l'Etat. Or comme, par la suite, l'autorisation de l'Etat fut
une condition nécessaire à l'existence des colléges, il est
vrai de dire que tous les *colléges licites* jouirent du *jus
personæ* (1).

Il n'en est pas de même des sociétés qui n'ont pas d'existence légale indépendante de la personne des associés,
puisque la mort d'un associé amène leur dissolution. Il est

_____

(1) Sic. Pothier, *Pandectes*, lib. III, tit. IV; art. 1. *De universitatis
natura.*

vrai qu'il y a au Digeste un texte qui paraît contraire à cette assertion. C'est la loi 22, au titre *De fidejussoribus*. Voici en quels termes elle est conçue : « Mortuo reo promittendi « et ante aditam hæreditatem fidejussor accipi potest : quia « hæreditas *personæ vice fungitur sicuti municipium et de* « *curia et societas.* »

C'est sur ce dernier mot *societas* que roule toute la difficulté. Si l'on s'en tient rigoureusement au texte, si on le traduit servilement sans se préoccuper des mots qui précèdent *societas*, il faut admettre que la société , en droit romain, est une personne morale *(personæ vice fungitur)*. Si, au contraire, on consulte l'esprit de la loi pour l'interpréter d'après son véritable sens , on verra qu'il y a eu inadvertance de la part de celui qui a extrait cette loi, et que *societas* a été mis pour *collegium* ou *universitas*. C'est ce qui paraît incontestable quand on rapproche *societas* des mots *decuriæ et municipium* qui précèdent. Quel rapport y a-t-il, en effet, entre une société privée et un municipe ou une décurie? Nous savons, au contraire, que les *collegia* sont organisés sur le modèle des municipes, que la *curie* fait partie du municipe et que toutes ces *universitates* ont un caractère d'intérêt public qui les distingue essentiellement des sociétés. L'énumération de la loi 22 ne peut pas s'expliquer autrement (1).

La corporation ayant le *jus personæ* est capable d'acquérir, de s'obliger, d'aliéner, d'ester en justice et d'intenter des actions. Nous allons passer en revue ces différents droits et voir dans quelle mesure elle peut les exercer.

---

(1) Sic Mommsen , *De coll. et eod. rom.* — Mühlenbruch-Serrigny. *Du droit administratif chez les Romains*, tom. II.

I.

Quant au *droit de possession*, il n'est pas douteux que les colléges n'en aient l'exercice. La loi I, § 4, au Digeste *(quod cujuscumque univ.)*, en leur reconnaissant la faculté d'avoir une caisse, des biens, un syndic, « *arcam, res communes, syndicum habere,* » leur reconnaît par là même le droit de posséder. Les colléges peuvent posséder soit par le moyen d'un esclave, soit au moyen d'un homme libre (1).

L'*usucapion* étant une conséquence du droit de possession, le collége dont la possession réunit toutes les conditions requises peut usucaper. Il peut donc acquérir le *jus in re*, le *dominium*, et il a droit à exercer les actions qui appartiennent au propriétaire. De même on peut agir contre lui, comme contre tout autre propriétaire, *ad exhibendum*. La loi 7, *ad exhibendum*, est formelle.

« *Municipes ad exhibendum conveniri possunt quia fa-*
« *cultas est restituendi; nam et possidere et usucapere eos*
« *posse constat. — Idem in collegiis cæterisque corporibus*
« *dicendum erit (2).* »

Les colléges pouvaient posséder des esclaves parmi les biens qui composaient leur patrimoine (3). Mais le *droit d'affranchissement* ne leur fut accordé que par un rescrit de Marc-Aurèle (4). Désormais, ils sont donc traités comme

---

(1) Dig., l. 4, § 22, et l. 2, *De acquirenda vel amittenda possessione.*

(2) Dig., l. 7, § 3, lib. x, tit. 4.

(3) Dig., l. 25, § 4. *De acquirend. vel amittend. hœred.*, lib. 29, tit. 2.

(4) Dig., l. 4, lib. 40, tit. **3**.

des patrons : ils ont le *plenum jus* sur les biens de leurs
affranchis (1). Si l'affranchi veut citer en justice le collége qui lui a donné la liberté, il ne peut le faire qu'en
vertu de l'autorisation du préteur, et cela, à cause de la dé-
férence due au patron. Mais il pourrait faire assigner chaque
membre du collége individuellement, car personne parmi
eux n'est son patron. C'est la corporation considérée comme
personne morale distincte de ses membres qui l'a affranchi (2).

II.

La capacité de disposer par testament n'était pas accordée aux colléges. Quant à la capacité de recevoir, ils n'en
jouissaient pas dans le principe. La *factio testamenti* et le
jus capiendi n'étaient réservés qu'aux *personnes certaines* (3). Or, les colléges aussi bien que les municipes et
les communautés étaient considérés comme personnes in-
certaines. Aussi, la loi 8, au Code *De hæredibus instituendis*, ne met pas en doute qu'un *collége*, à moins de privilége particulier, ne soit privé du droit d'être institué héritier.

« *Collegium si nullo speciali privilegio subnixum sit,*
« *hæreditatem capere non posse dubium non est.* »

Tel était le droit commun pour les colléges ou corporations, relativement aux transmissions à titre universel.
Quant aux transmissions à titre particulier, c'est-à-dire
quant aux *legs* et *fidéicommis*, le même principe était en

---

(1) Dig., *De libertis univers. pr*, lib. 38, tit. 3.
(2) Dig., l. 10, § 4. *De in jus vocando*, lib. 11, tit 4.
(3) Ulpien Reg., tit. xxii, § 5.

vigueur (1). Mais Nerva accorda aux *civitates* et aux *muni-cipes* le droit de recevoir des legs (2). Et Marc-Aurèle l'éten-dit aux *corporations autorisées. (Cui licet coire)* (3).

Si le legs est fait à une corporation non autorisée, il est caduc, à moins que chacun de ses membres en particulier n'ait été désigné par le *de cujus ;* car alors ceux-ci ne sont plus considérés comme corps, mais comme individus et personnes certaines (4). La loi 2, au Digeste *De rebus du-biis*, semble donner une décision contraire relativement aux *civitates*. Elle décide que le legs ou le *fidéicommis* fait aux citoyens est considéré comme fait à la cité.

« *Civibus civitatis legatum vel fideicommissum datum,*
« *civitati relictum videtur.* »

Mais il n'y a pas antinomie entre la loi 2 et la loi 20 au même titre. La loi 20 prévoit le cas où le *de cujus* a légué à chacun des membres du collége spécialement désignés, soit *disjunctim*, soit même *conjunctim*, avec assignation de parts. C'est le sens de ces mots : « *Nisi singulis legetur.* »
La loi 2, *De rebus dubiis*, ne s'applique qu'au cas où le legs a été fait à tous les citoyens en masse et indistincte-ment. Elle ne dit pas *singulis civibus*, mais simplement *civibus*. Les deux lois ont donc statué sur deux espèces différentes; il n'est pas étonnant qu'elles ne donnent pas la même solution.

Telle était la législation romaine avant Justinien. Dans sa constitution *De incertis personis* (5), il y apporte une lé-

---

(1) Institutes, *De legatis*, tit. xx, § 25, liv. ii; Gaïus, com. ii, § 238.
(2) Ulpien Rég., tit. 24, § 28.
(3) Dig., l. 1, *De manumissis quæ serv.*, liv. 40, tit. 3.
(4) Dig., l. 20, *De rebus dubiis*, liv. 34, tit. 5.
(5) Cod. Just., liv. vi, tit. 48.

gère modification. En vertu de cette constitution, tout ce qui est laissé par testament aux corporations d'artisans *(ejusdem artificii opificibus)* et aux *colléges* autorisés doit être partagé par égales parts entre ceux dont les noms sont inscrits sur l'*album* au moment de la mort du testateur.

Toutefois, le principe que les *colléges* ne peuvent être institués héritiers souffre de nombreuses exceptions :

1° On peut toujours, en vertu d'un privilége spécial accordé par la constitution, *instituer* les divinités sous le patronage desquelles la corporation s'est placée. On employait alors cette formule : *Deo et collegio ejus* (1). Ce moyen facile d'éluder les règles du droit civil était à l'usage des *collegia opificum* aussi bien que des corporations religieuses, puisqu'ils avaient aussi chacun leurs dieux protecteurs.

2° Sous Justinien, les *colléges* pouvaient encore se faire instituer dans le testament de leurs affranchis ; car l'affranchi qui n'avait pas d'enfants ne devait pas *prétérir* son patron devenu son héritier légitime. Il devait donc nécessairement pouvoir l'instituer (2).

Sous la loi des Douze tables, le patron n'avait qu'un droit de succession *ab intestat* sur les biens de l'affranchi mort sans enfants. La loi Pappia accorda au patron *prétérit* une part d'hérédité qui variait suivant le nombre d'enfants que laissait l'affranchi. Enfin, une constitution de Justinien avait décidé que lorsque l'affranchi mourait sans enfants ou qu'il les avait exhérédés, le patron pourrait, au moyen de la *bonorum possessio contra tabulas*, se faire

(1) Ulpiani Reg., tit. 22, § 6. *Qui hæredes institui possunt.*
(2) Dig., *De manumissis quæ serv.*, lib. 40, tit. 3, l. 2.

adjuger le tiers des biens qui composaient la succession de son affranchi toutes les fois qu'il aurait été prétérit ou qu'il n'aurait pas reçu la part à laquelle il avait droit (1). Depuis que Marc-Aurèle leur avait accordé le droit d'affranchissement, les corporations jouissaient de tous les droits des patrons.

La loi III, § 4, *De bonorum possessionibus* (2) semble décider que le syndic de la corporation peut toujours demander la *bonorum possessio*, et que dans le cas même où il ne la demanderait pas, le préteur peut toujours la lui accorder. En présence de cette disposition, que devient le principe posé par la loi 8 au Code *De hæredibus instituendis* ? N'est-ce pas admettre les corporations à se faire adjuger indirectement par le préteur l'hérédité que le droit civil leur refuse ? Ce ne serait pas, il est vrai, la première fois qu'on verrait le préteur, armé de pouvoirs extraordinaires, corriger et tempérer les rigueurs de la loi. Mais la loi 1, au Digeste *De libertis universitatum* (3), rapprochée de la loi 3, *De bonorum possessionibus,* nous en indique la véritable portée en précisant un des cas où la communauté peut obtenir du préteur la *bonorum possessio.* « Après avoir « ordonné que la succession civile pourra leur être remise « en vertu du *sénatus-consulte Trébellien*, le Sénat a par « la même raison et sur les mêmes motifs décidé par un « autre sénatus-consulte (4) que les communautés pour- « raient, lorsqu'elles étaient instituées héritières par leurs

---

(1) Cod. Just., l. 4, § 11, lib. vi, tit. 4.
(2) Dig., lib. 37, tit. 4.
(3) Dig , lib. 38, tit. 3.
(4) On ignore le nom de ce sénatus-consulte dont il est fait mention au Digeste *De hæredibus instituendis*, lib. 28, tit. 5.

« affranchis, accepter et acquérir pour elles sa succession.
« En conséquence, il faut dire aussi qu'elles peuvent de-
« mander la possession des biens de ces mêmes affranchis. »

« *Sed qua ratione senatus censuit ut restitui eis ex Tre-*
« *belliano hæreditas possit, et qua ratione alio senatus-*
« *consulto hæredibus eis institutis a liberto acquirere*
« *hæreditatem permissum est, ita bonorum quoque posses-*
« *sionem petere dicendum est* (1). »

Il résulte de cette loi que c'est dans le cas seulement où la communauté est capable de recueillir d'après le droit civil, lorsqu'il s'agit par exemple de la succession d'un affranchi, que le préteur accorde la *bonorum possessio*. Les lois 1, § 15, et 6, § 4, *Ad senatus-consultum Trebellianum*, qui supposent que la corporation est instituée héritière, ne s'appliquent aussi qu'à ces cas exceptionnels.

Enfin les corporations peuvent succéder *ab intestat* comme héritiers légitimés :

1° Lorsque leurs affranchis sont morts sans enfants. C'est une conséquence du droit d'affranchissement et de patronat accordé par Marc-Aurèle;

2° Lorsqu'un des membres de la corporation est mort *intestat* et sans enfants. Deux constitutions, l'une de Constantin, l'autre de Théodose et Valentinien, accordaient ce droit à la corporation des *naviculaires* et à celle des *fabricenses* (armuriers) (2). Il fut étendu plus tard à plusieurs autres corporations d'artisans.

(1) En vertu du sénatus-consulte Apronien, il était permis aux *civitates* de recueillir des *fidéicommis* (1. 26, *ad s.-c. Trebellianum*; Dig., lib. 36, tit. 4) Cette permission s'étendait-elle aux corporations? Aucun texte ne tendrait à le prouver

(2) Cod. Just. const. 1 et 5, lib VI, tit. 61.

III.

Les *colléges* sont assimilés aux mineurs. Leurs *syndics*
ou procureurs agissent en leur nom, les représentent dans
les stipulations qu'ils sont dans le cas de faire et défendent
aux actions dirigées contre eux. Il n'est pas nécessaire d'être
sui juris pour être *syndic.* « *Actor etiam filiusfamilias
dari potest* (1). » Le syndic, en effet, n'agit pas comme le
tuteur pour *compléter* la personne du pupille, il agit seulement en qualité de représentant de la corporation comme
personne juridique. C'est un simple mandataire *(procurator)* (2). C'est en vertu d'un décret de la corporation que
le mandat lui est conféré. Nous avons vu à quelles conditions est soumise la validité de ces décrets; mais ce ne sont
pas des pouvoirs généraux qui sont donnés au *syndic.* Il
faut qu'il ait un mandat spécial pour chaque affaire. C'est
ce que décide la loi 6, § 1, au digeste (*Quod cujuscumque
univers.*), « *Observa : Sed si ita decreverint ut quæcumque
« incidisset controversia, ejus petendæ negotium Titius
« haberet; ipso jure id decretum nullius momenti esse :
« quia non possit videri de ca re quæ adhuc in controversia
« non sit, decreto datam persecutionem.* » Observez que :
« si l'ordre avait arrêté que Titius agirait dans toutes les
affaires qui pourraient survenir, ce décret serait nul parce
qu'il n'aurait pas pu se rapporter à la poursuite d'une
affaire qui n'était pas encore née. »

Le *collége* qui éprouve un préjudice résultant de l'acte de

---

(1) Dig., l. 6, § 3, lib. 3, tit. 4 (*Quod cujuscumque univers.*).
(2) « *Actor itaque iste partibus procuratoris fungitur.* » (Dig., l. 6,
§ 3, lib. 3, tit. 4.)

son *syndic* peut, comme les mineurs, invoquer le bénéfice de la *restitutio in integrum* (1).

Le *syndic* est responsable de son dol; mais indépendamment de l'action personnelle contre celui qui a commis le dol, il y en a une contre celui au profit duquel il a été commis. Si donc, dit Ulpien, le maître d'une affaire a retiré quelque avantage de la mauvaise foi de son *procurator,* l'action de dol sera ouverte contre le maître jusqu'à concurrence de cet avantage; car il n'est pas douteux que le *procurator* ne soit tenu de son dol (2). » Mais la question a été soulevée aussi à l'égard des municipes. On s'est demandé si on pouvait les rendre responsables du dol de leurs administrateurs. Voici quelle est la décision de la loi 15, *de dolo malo,* § 1 :

Sed an in municipes de dolo detur actio dubitatur : Et puto et suo quidem dolo non posse dari. Quid enim municipes dolo facere possunt? Sed si quid ad eos pervenit, ex dolo eorum qui res administrant; puto dandam. — On doute que l'action de dol puisse être donnée contre un municipe : et je pense aussi qu'elle ne peut pas l'être pour son propre dol. Quel dol, en effet, « un municipe peut-il commettre? Mais je pense que l'action sera ouverte contre « lui s'il a retiré quelque profit du dol de ses adminis- « trateurs. »

Cette loi relative aux municipes s'applique également aux corporations comme à toutes les autres communautés. Du reste, les communautés peuvent elles-mêmes être tenues de leur propre dol, malgré l'opinion contraire d'Ulpien. Il

---

(1) Cod. Just., l. 4, lib. 11, tit. 54.
(2) Dig., l. 15, § 2. *De dolo malo* (lib. 4, tit. 3).

peut se faire qu'en vertu d'une délibération prise soit par l'assemblée du peuple , s'il s'agit d'un municipe, soit par l'assemblée des artisans , s'il s'agit d'une corporation, une injustice ait été commise , un dommage ait été éprouvé. C'est dans ce sens, dit Pothier (1), qu'il faut entendre la loi 9 (§ 1, *quod metus causa*).

Le *syndic* investi d'un mandat spécial par le décret de la corporation pour agir en son nom n'est pas obligé de donner la *caution de rato* à moins qu'il ne s'élève quelque doute sur la validité ou sur l'existence du décret qui lui a conféré ses pouvoirs (2). Cette caution du reste devenait une garantie inutile depuis que le *procurator* dont le mandat est certain avait été mis sur la même ligne que le *cognitor*, avec cette différence pourtant , que l'action du *cognitor* éteignait *ipso jure* le droit du représenté, et que s'il s'agissait d'un *procurator*, il fallait une exception de dol ou *rei judicatæ* pour repousser le mandant qui aurait voulu intenter de nouveau l'action (3).

Lorsque la corporation n'a pas de *syndic*, ou bien lorsque celui qu'elle a nommé est absent, incapable ou malade, le créancier qui l'a actionnée peut se faire envoyer en possession des biens communs par le proconsul. Et si cette mesure ne suffit pas le proconsul ordonne que ces biens soient mis en vente (4). Pothier cite même un fragment assez curieux de Javolenus relatif aux *civitates* qui probablement s'applique aussi aux corporations et d'où il résulte

---

(1) Pothier, lib. IV, tit. III, § 2, n° 23.
(2) Dig., l. 3, § 3. *Quod cujuscumque univers.*
(3) *Vaticana fragmenta,* § 317
(4) Dig., l. 1, § 2, lib. 3, tit. 4.

que la *saisie-arrêt sur les débiteurs* était une voie d'exécution connue dans la procédure romaine :

« *Civitates , si per eos qui res earum administrant*
« *non defenduntur, nec quidquam est corporale reipublicæ*
« *quod possidetur ; per actiones debitorum civitatis, agen-*
« *tibus satisfieri oportet.* » Si un corps de ville n'est pas
défendu par ses agents et ne possède point de biens immeubles , on donnera les créances de cette ville sur ses
débiteurs à celui qui agit contre elle. »

La corporation est créancière et débitrice ; et de même
qu'elle peut intenter des actions , de même aussi on peut
agir contre elle. Mais en principe, ses membres ne sont pas
obligés solidairement ; car la solidarité ne se présume pas (1).
Nous avons vu pourtant que les *armuriers* (fabricenses) et
les artisans qui faisaient partie des *gynécées* et des ateliers
impériaux, étaient tenus solidairement de toutes les obligations contractées et de tous les délits commis par chacun
des membres de la corporation.

Les membres des corporations étaient soumis à une juridiction spéciale. On choisissait parmi les artisans de la
même profession des juges qui étaient plus compétents
pour statuer sur les questions relatives au négoce ou à la
profession. Cependant le demandeur avait la faculté de citer
son adversaire ou devant les juges spéciaux ou devant la
juridiction ordinaire. Mais lorsque le défendeur était cité
devant eux , il ne pouvait pas nier leur compétence (2).

---

(1) Dig., 1. 7, § 1, *Quod cujuscumque univers.* ; et 1. 2 , § 2 , *De duobus reis.*
(2) Cod. Inst., 1. 7, 2, lib. 3, tit. 13, *De juridictione omnium.*

Cette institution avait quelque analogie avec nos tribunaux de commerce et nos conseils de prud'hommes.

Les colléges ou corporations prennent fin ou par un décret de l'empereur qui les dissout, ou par la mort du dernier de leurs membres : car, tant qu'il en reste un pour les représenter, ils subsistent (1). Dans le premier cas, leur patrimoine est partagé également entre les membres dont les noms sont inscrits sur l'*album* (2).

---

(1) Dig., l. 7, § 2, lib. 3, tit. 4.
(2) Dig., liv. 3, pr. *De collegiis et corp.*

CHAPITRE V.

Priviléges des corporations. — Peines portées contre les colléges non autorisés. — Du monopole.

Nous venons d'étudier les corporations dans leurs rapports avec le droit civil. Mais elles avaient une existence à part qui les mettait sur bien des points en dehors du droit commun. Les empereurs, qui avaient besoin des corporations pour l'administration de l'état et qui avaient fait des artisans de véritables fonctionnaires, leur avaient accordé certains priviléges pour les favoriser dans l'exercice de leurs professions.

Les charges qui pesaient sur les sujets de l'empire romain étaient de deux sortes. Les unes étaient appelées *patrimoniales*, les autres *personnelles*. Voici quelle définition nous en donne la loi romaine :

« *Patrimoniorum sunt munera quæ sumptibus patri-*
« *monii et damnis administrantis experiuntur. Persona-*
« *lia sunt quæ animi provisione et corporalis laboris inten-*
« *tione sine aliquo gerentis detrimento perpetrantur* (1). »

_____

(1) Dig., liv. 18, § 1 et 18, *De muneribus et honor.*

Ainsi, parmi les *charges patrimoniales*, il faut citer l'impôt foncier et les diverses prestations en nature, telles que les fournitures de chevaux et de mulets pour l'armée et pour les courses ; dans quelques villes, l'obligation pour les propriétaires de fournir certaines *redevances* en blé fixées d'après l'étendue de leurs terres (1), de contribuer à la construction des édifices publics, etc...... Parmi les *charges personnelles*, nous citerons la tutelle, la curatelle, le service militaire et les diverses corvées, etc......

Les corporations reconnues par l'état et qui ont un but d'utilité publique sont dispensées de toutes ou presque toutes les charges personnelles. — Sous Justinien, il y avait trente-cinq corporations dispensées des charges personnelles (2). Les *fabricenses* étaient exemptés du service militaire (3). Tous les artisans qui faisaient partie des *collegia opificum* étaient dispensés de la *tutelle*. Il y a toutefois une distinction à faire à cet égard. Ils n'étaient dispensés de la tutelle de ceux qui faisaient partie de leur corporation comme leurs enfants ou ceux de leurs confrères, qu'en vertu d'une disposition spéciale (4). Relativement aux *charges patrimoniales*, bien qu'en principe tous les citoyens y fussent soumis sans distinction (5), peut-être avait-on fait une exception en faveur de certains artisans dont les professions étaient nécessaires à la subsistance de Rome. La loi 5, § 5, *de jure immunitatis*, mentionne un rescrit d'Adrien qui leur accorde l'*immunité*.

---

(1) Dig., l. 18 (*id.*), § 25.
(2) Cod. Inst . l. 1, *De excus. artificum.*
(3) Cod. *De fabricensibus*, lib. xi, tit. 7.
(4) Dig., l. 44. *De excusatione tutorum*, lib. 27, tit. 1.
(5) Dig., l. 10. pr. et l. 11. *De vacatione et excus. munerum.*

« *Divus Adrianus rescripsit immunitatem duntaxat*
« *habere qui annonæ urbis serviunt.* »

Mais que faut-il entendre par ce mot *immunités?* Est-ce
une dispense absolue de toutes les charges soit *personnelles,*
soit *patrimoniales?* C'est ce qu'il est permis de penser. Du
reste, ces priviléges dépendaient complètement du caprice
des empereurs, qui les donnaient et les retiraient à leur gré.
Mais si les corporations avaient des priviléges, quelques-
unes étaient aussi grevées de charges énormes, et devaient,
outre les droits de vente et de péage, une contribution ap-
pelée *auraria,* parce qu'elle se payait en or. Une hypothèque sur les biens fonds de la communauté garantissait le
paiement de cet impôt (1).

A Rome, le préfet des gardes avait sous ses ordres sept
cohortes pour le service des incendies. A Constantinople
on avait organisé aussi une corporation de cinq cent
soixante artisans, qui avait la même destination.

Valentinien et Théodose leur accordèrent quelques priviléges, entre autres, la dispense de fournir des chevaux
pour l'armée. Mais leur nombre ne pouvait être augmenté ;
et ceux qui étaient admis en plus, ne jouissaient d'aucun
privilége (2).

Constantin accorda l'*immunité* aux négociants qui font le
commerce des voiles de navire, de la pourpre et des peaux
de la Parthie (3). — Le chef de la corporation des *armuriers,*
l'une des plus importantes de l'état, acquérait au bout de

---

(1) C. Cantu. *Histoire des Italiens,* tom. II.
(2) Cod. Just., l. 5. *De commerciis et mercatoribus,* lib. 4, tit. 63.
(3) Cod. Just., l. 7. *De excus. muner.,* lib. x, tit. 47.

4

deux ans d'exercice l'*immunité* pour lui et pour sa famille (1).

Pour jouir de ces priviléges, il ne suffit pas d'avoir son nom inscrit sur l'*album* de la corporation ; il faut encore exercer par soi-même la profession à laquelle ils sont attachés. Ainsi, quoique un individu fasse partie de la corporation des maîtres de barques, s'il n'a ni navire ni barque, il ne pourra point prétendre aux priviléges de sa corporation. « De même il faut refuser l'immunité à ceux qui, sous « prétexte de faire le transport des blés et des huiles né- « cessaires à l'approvisionnement de Rome, croient pou- « voir ainsi se soustraire aux charges ou emplois publics, « bien qu'ils ne s'occupent nullement de navigation et que « la plus grande partie de leurs biens ne soit pas engagée « dans le commerce maritime (2). » On comprend parfaitement les motifs de cette décision contenue dans un rescrit d'Antonin. Les empereurs ne voulaient pas que sous le couvert d'une profession illusoire ou pût échapper aux charges et aux emplois publics. Car les priviléges accordés aux corporations ne sont que la compensation des risques auxquels s'exposent leurs membres pour le service de l'Etat. Or, dès lors qu'il n'y a plus de risque, il ne doit plus y avoir de récompense (3).

Quelquefois, ceux qui voulaient s'affranchir des charges de leur corporation se faisaient recevoir dans une autre ; et comme on ne peut faire partie de deux *colléges* à la fois,

---

(1) Cod. Inst., 1. 2. *De fabricensibus* ; Cod Theod., 1. 16, lib. x, tit. 20.

(2) Dig., 1. 5, § 3 et 6. *De jure immunitatis* ; 1. 46, *De excus. tutorum*, lib. 27, tit. 1,

(3) Dig., 1. 5, *De jure immunitatis*, lib. 50, tit. 5.

ils abandonnaient leur ancienne profession sans remplir pour cela les devoirs que leur imposait la nouvelle. Théodose et Valentinien, pour punir cette fraude, décidèrent que le membre de la corporation qui ne remplissait pas les devoirs de son nouvel état ne pourrait se soustraire aux obligations de l'ancien, et qu'il serait remplacé dans sa nouvelle corporation (1).

Les empereurs se montrèrent très-sévères pour les colléges *illicites*, parce qu'ils les redoutaient comme des foyers de trouble et de sédition. Que faut-il entendre par *colléges illicites?* La loi 3, § 1, *de collegiis et corporibus*, exige, d'une manière absolue pour tous les *colléges,* l'autorisation du sénat ou de l'empereur. Cependant la loi 1, au même titre, semble faire une exception en faveur des *collegia tenuiorum* et de ceux qui se réunissent dans un but religieux. Mais ces mots « *coire non prohibentur* » n'impliquent pas la dispense d'autorisation spéciale; ils signifient seulement que le gouvernement ne s'oppose pas à leurs assemblées. Quant aux *tenuiores*, il est certain qu'avant le *rescrit* de l'empereur Sévère, mentionné au Digeste, ils devaient être approuvés par le gouvernement, comme le prouve la lettre de Pline à Trajan, que nous avons citée plus haut. Mais le rescrit de l'empereur Sévère avait probablement pour but de leur accorder une permission générale qui n'avait pas besoin d'être renouvelée chaque fois qu'il se formait de ces sortes d'associations. Toutefois, à part cette exception, tous les colléges qui n'étaient pas munis de l'autorisation du sénat ou de l'empereur étaient qualifiés d'illicites.

---

(1) Cod. Just., l. 1. *De collegiatis*, lib. XI, tit. 17.

Le fait de former un collége illicite est rangé parmi les *crimina extraordinaria* (1). La répression en est confiée, à Rome, au préfet de la ville (2), et, dans les provinces, aux gouverneurs. La peine infligée aux membres des corporations *illicites* était celle qu'on réservait aux crimes commis contre la sûreté de l'Etat.

« *Quisquis illicitum collegium usurpaverit, ea pœna te-* « *netur qua tenentur qui, hominibus armatis, loca publica* « *vel templa occupasse judicati sunt.* » « Quiconque a formé un collége illicite est tenu de la même peine que ceux qui ont été convaincus d'avoir violé avec la force armée les lieux publics ou les temples (3). » — La loi Julia *majestatis* énumère les actes qui constituent le crime de sédition et sévit contre ceux qui forment des associations ou réunions illicites (4). Or le crime de sédition était toujours puni de la peine capitale.

Bien que reconnues par l'Etat, les corporations d'artisans pouvaient encore tomber sous le coup de la loi et s'exposer à encourir des peines rigoureuses. Malgré la liberté dont elles jouissaient relativement aux clauses qu'elles voulaient insérer dans leurs statuts, il fallait que ces statuts fussent en harmonie avec les lois générales (5). Or, il s'était introduit, parmi les marchands et les artisans, des abus qui tendaient à établir une sorte de monopole pour chaque profession, quelquefois même pour chaque artisan en particulier. L'empereur Zénon voulut proscrire le *monopole;* il fit une

---

(1) Dig., l. 2, *De extraordinariis criminibus*, lib. 47, tit. 2.
(2) Dig., l. 1, § 14. *De officiis præfecti urbis*, lib. 1, tit. 12.
(3) Dig., l. 2. *De collegiis et corp.*, lib. 47, tit. 22.
(4) Dig., l. 1, § 1. *Ad legem Juliam majestatis.*
(5) Dig., l. 7. *De collegiis et corp.*

constitution où il prononçait des peines très-sévères contre ceux qui s'efforcent de l'établir, soit en s'engageant à ne jamais vendre certains objets au-dessous du prix convenu, soit en décidant entre eux qu'aucun ouvrage commencé par un ouvrier ne sera continué par un autre. Ceux qui se rendent coupables d'exercer le *monopole* sont dépouillés de leurs biens et condamnés à un exil perpétuel. Quant aux maîtres-ouvriers ou patrons qui auront passé des conventions illicites, ou qui auront laissé les ouvriers créer des *monopoles* contrairement à la constitution, ils seront condamnés à une amende de 40 ou 50 livres d'or (1).

Cette constitution de Zénon paraît favorable à la liberté du travail; mais si les empereurs s'efforçaient parfois de supprimer les entraves apportées à cette liberté par les travailleurs eux-mêmes, ils ne faisaient rien pour modifier le régime oppressif auquel étaient soumises les corporations ouvrières. Chaque artisan était esclave de sa profession; et toute occupation, tout emploi étrangers à cette profession, lui étaient complètement interdits. La loi 7 *de Fabricensibus*, condamne à la perte de leurs priviléges et à l'exil perpétuel les armuriers qui se livrent au travail des champs ou qui acceptent l'administration d'un domaine.

Ainsi le *monopole*, proscrit sévèrement lorsqu'il émanait des tentatives faites par les ouvriers, était organisé sur une grande échelle au profit de l'Etat. Tout *pour l'État et par l'État*, tel était en résumé le système administratif et législatif qui étouffait à Rome la liberté du travail et l'initiative individuelle, ces deux grandes forces de l'industrie et du commerce.

---

(1) Cod. Inst., lib. IV, tit 59. *De monopol.*

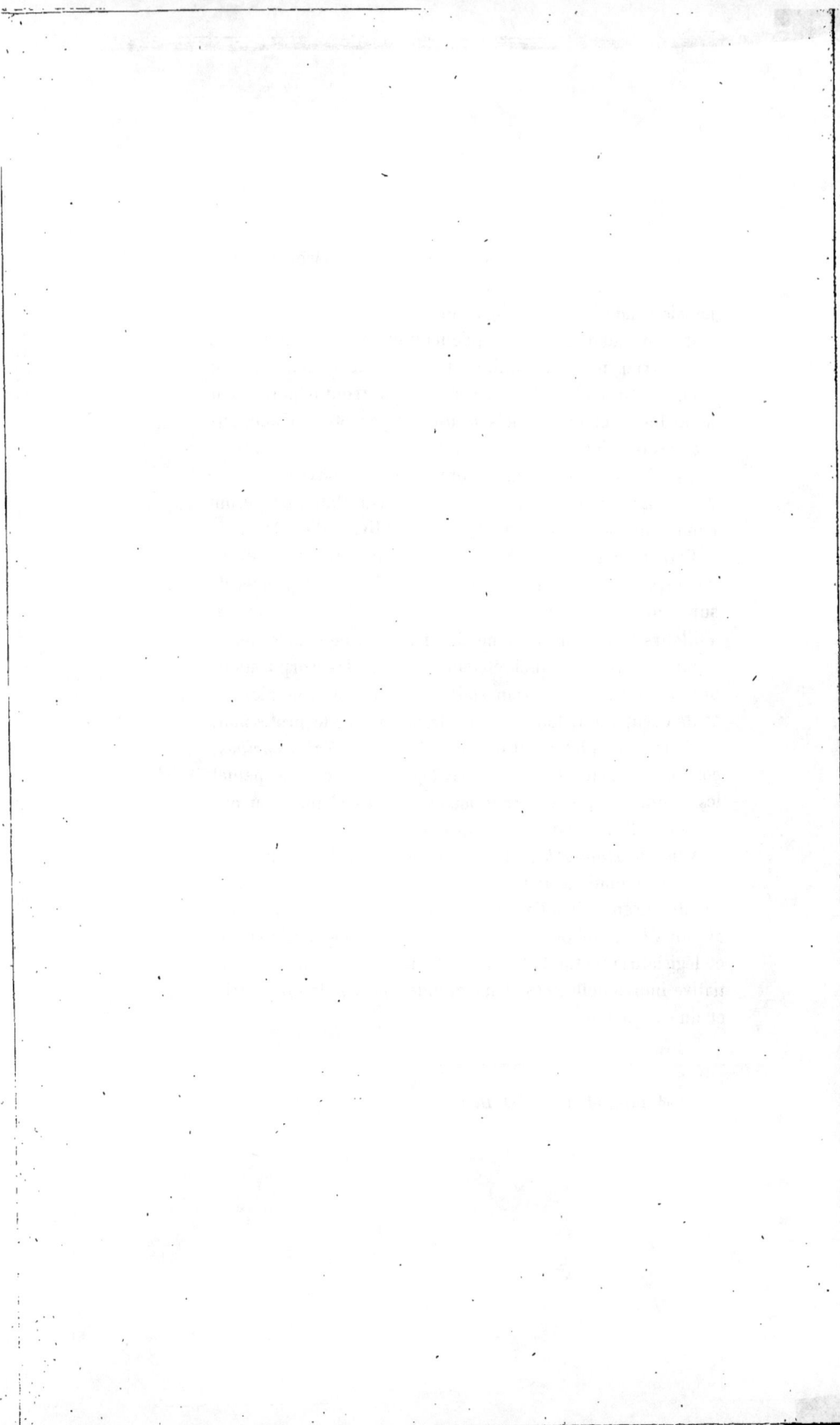

DEUXIÈME PARTIE

DROIT FRANÇAIS.

DES ASSOCIATIONS COOPÉRATIVES.

CHAPITRE PREMIER.

**Origine du mouvement coopératif. — De ses applications
et de son développement
en France, en Angleterre, en Allemagne, etc.**

Le rapide aperçu que nous avons donné des corporations ouvrières à Rome nous a prouvé que la législation romaine ne peut nous offrir aucun vestige de ce que nous appelons aujourd'hui les sociétés coopératives. Les *éranistes* d'Athènes et les *collegia tenuiorum* de Rome ne doivent pas leur être comparés : c'étaient plutôt des *sociétés de secours mutuels*. L'assistance mutuelle et la coopération sont, il est vrai, deux idées entre lesquelles il existe plus d'un lien de parenté, mais qu'il ne faut pas confondre.

Si nous nous reportons à une autre époque, à cette période qu'on se plaît à appeler : la période de *barbarie féo-*

dale, mais où l'on retrouve pourtant le germe de la plupart de nos grandes institutions modernes, quel sera le résultat de nos investigations ? Ce n'est pas dans les confréries et les corps de métiers du moyen-âge qu'il faut chercher les premières traces du mouvement coopératif. Mais en dehors des villes les serfs et mainmortables, et quelquefois dans les villes les hommes libres, formaient des communautés connues sous le nom de *sociétés taisibles*. C'est sous cette forme qu'on voit se manifester l'esprit d'association que les Germains possédaient déjà dans leurs forêts et que le christianisme favorisa en le consacrant.

Les familles de serfs étaient en général constituées en sociétés *tacites héréditaires*. Leurs membres de tout âge et de tout sexe étaient soumis à l'autorité du même chef élu par eux, qui prenait leur avis dans les occasions importantes. Ceux qui étaient en âge et en état de travailler mettaient en commun leurs labeurs dont le produit servait à pourvoir aux besoins de tous. Ces associations patriarcales étaient appelées *compagnies,* et les associés, *compani* ou *compains*, c'est-à-dire mangeant leur pain ensemble, étaient aussi désignés sous le nom de *parsonniers*. Chaque *parsonnier* a un emploi déterminé. « Les « uns servant pour labourer et toucher les bœufs, ani- « maux tardifs..., les autres pour mener les vaches et « juments aux champs (1). » Le gérant ou maître de communauté (en Italie *capoccio-regidore*) (2) est chargé des actes d'administration intérieure, comme achats, ventes,

---

(1) Coquille. *Questions sur les coutumes ,* ch. 6 (coutumes du Nivernais).

(2) Cantu. *Histoire des Italiens ,* tome 4, p. 283 ; Lebrun, *Sociétés tacites* ; Dunod, *Traité de la mainmorte.*

prêts, locations. « Il commande à tous les autres, va aux
« affaires, se présente ès villes, ès foires et ailleurs, a pou-
« voir d'obliger ses parsonniers en choses mobilières qui
« concernent le fait de la communauté. » « Ces communautés, dit Coquille, sont vraies familles et colléges qui, par
considération de l'intellect, sont comme un corps composé
de plusieurs membres, combien que ces membres soient
séparés l'un de l'autre, mais par fraternité, amitié, liaison
économique font un seul corps. »

La mort ne les dissout pas; mais la dissolution peut
résulter de la retraite d'un des *parsonniers*. De là ce vieux
brocard : « *Un parti, tout est parti et le chanteau part le*
« *villain* (1). » Lorsque l'associé se retire, le plus vieux
prend un couteau et partage le grand pain, symbole de la
communauté, en plusieurs morceaux ou *chanteaux*.

Ces communautés entre *mainmortables,* dit M. Rozy (2),
devaient leur existence non pas aux seigneurs mais à l'initiative individuelle. Elles avaient pour but d'échapper au
droit d'*échute mainmortable* qui faisait tomber entre les
mains du seigneur l'héritage de ses tenanciers. « La com-
« munion, dit Dunod, est le fondement des successions des
« mainmortables et les fait préférer au seigneur même (3). »
On se demande alors pourquoi la société pouvait se dissoudre si facilement. Le vieux brocard : *un parti tout est parti,*
n'est-il pas une preuve de l'origine féodale des sociétés
taisibles?

---

(1) Loisel. *Instit coutum.*, liv. 1, tit. 1, n° 78.

(2) *Des sociétés taisibles au moyen-âge comparées au mouvement coopératif actuel*, par M. Rozy (Toulouse, 1865).

(3) Dunod. *Traité de la mainmorte.*

M. Rozy y voit, au contraire, la preuve que le mouvement venait d'en bas et non pas d'en haut. Car, dit-il, si les seigneurs avaient organisé ces sociétés pour leur utilité propre, ils leur auraient donné une organisation plus stable. A cela, on peut répondre : si les sociétés taisibles étaient l'œuvre de l'initiative individuelle des serfs, pourquoi, au lieu de chercher à la consolider et à l'affermir, l'ont-ils rendue si fragile? Si Coquille paraît regretter cette règle comme contraire à l'intérêt des parsonniers, c'est qu'elle avait été probablement introduite par les seigneurs, qui se défiaient d'une institution destinée à lutter contre leur pouvoir et leurs priviléges féodaux. Mais bien que la formation de ces sociétés fût en apparence contraire à leurs intérêts, ils ne tardèrent pas à reconnaître que leurs terres étaient mieux cultivées et leurs redevances payées plus exactement par les *parsonniers*. Aussi, ils ne s'opposèrent plus au développement des sociétés taisibles parmi leurs serfs.

A côté des communautés de serfs, il se formait entre hommes libres, parents ou étrangers, des associations qui avaient pour objet, soit des actes civils, soit des opérations commerciales. Quelques coutumes admettaient les nobles et les roturiers (1).

D'après les coutumes de Berry et de Poitou (2), la société se formait dans les villes « *par dix ans de demourance et trafic commun.* » L'idée de la vie en commun est, comme le remarque M. Rozy, une erreur grossière qui s'est reproduite de nos jours sous plusieurs formes. Ce fut une des causes qui empêchèrent le développement de ces so-

---

(1) *Coutume de Troyes* (art. 101).
(2) *Cout. de Poitou* (art. 231); *Cout. de Berry* (tit. 8, art. 10).

ciétés. Quant aux sociétés entre serfs et mainmortables, elles avaient produit d'excellents effets. Elles étaient une source d'aisance et de bien-être pour la population agricole et y entretenaient l'union et l'esprit de famille.

Aujourd'hui, il y a encore en Suisse et même dans certaines communes du Jura et du Dauphiné des associations *fruitières* ou *fromagères* qui rappellent un peu les associations agricoles du moyen-âge.

Plusieurs cultivateurs de la même commune, propriétaires de vaches, se réunissent pour fabriquer des fromages de gruyère. Voici quelques articles empruntés aux statuts d'une de ces associations :

« Tout sociétaire doit apporter deux fois par jour, matin « et soir, son lait à la fruiterie. Chacun a le droit comme « de juste de conserver du lait pour les besoins de son mé- « nage, mais s'interdit d'en vendre.

« Chaque sociétaire a un compte ouvert sur lequel on « inscrit devant lui, matin et soir, le nombre de litres de lait « qu'il apporte. On les pèse en sa présence.

« Le fromage de chaque jour est porté, avec un numéro « reproduit sur les registres, au nom de celui qui, la veille « au matin, avait en compte le plus gros chiffre de litres de « lait. S'il n'y a pas le nombre nécessaire pour la fabrica- « tion du fromage, on ne compte pas au sociétaire ses ap- « ports ultérieurs jusqu'à ce qu'il soit libéré vis-à-vis de « ses coassociés du déficit qui s'est trouvé à son compte le « jour où le fromage lui a été imputé sans qu'il eût assez de « lait pour en faire un.

« La vente des produits se fait par le ministère des cinq « sociétaires les plus intéressés, c'est-à-dire qui possèdent « le plus grand nombre de pièces de fromage.

« Les intérêts de l'association sont gérés par une com-

« mission composée de cinq membres tous nommés en
« assemblée générale au scrutin secret.

« Le fromager investi des fonctions de secrétaire n'a pas
« voix délibérative (1). »

Cet exemple prouve que le petit agriculteur des campagnes, aussi bien que l'ouvrier des villes, peut mettre à
profit le principe fécond de la coopération. Quant au
caractère des associations fromagères au point de vue légal,
nous aurons à y revenir plus loin (2).

Toutes les fois qu'on traite de sociétés coopératives, il est
d'usage de parler d'abord des *Équitables pionniers de
Rochdale*. Nous ne voulons pas à coup sûr leur refuser la
part de mérite qui leur revient dans le succès légitime de
cette grande entreprise. Mais, tout en reconnaissant que

---

(1) V. la lettre sur les *Fromageries* adressée au président de la Société
d'agriculture de Grenoble, par le marquis de Monteynard, dans le *Sud-Est*
de mars 1866.

(2) *Nota*. Les *Fromageries* procurent des gains considérables par la
quantité des produits qu'on y fabrique. Elles sont surtout avantageuses
aux plus pauvres qui peuvent utiliser des quantités infimes de lait qu'ils
emploieraient moins utilement s'ils étaient isolés. — Une vache bonne
laitière doit donner 1,800 litres de lait par an, soit en moyenne 6 litres 1/2 par jour. — Dans les départements du Doubs et du Jura, on fabrique par an 9,364 620 kilog de fromages qui, au cours moyen de
110 fr. le quintal, représentent une valeur de 10.301.082 fr. — Dans le
département des Hautes-Alpes, depuis 1848, il a été créé trente-une
associations fromagères. Elles ont contribué puissamment à l'aisance qui
existe aujourd'hui dans le Queyras. On compte dans cette vallée 4,000 vaches laitières qui produisent annuellement chacune 75 kil. de fromage
d'une valeur de 95 fr. Dans l'Isère, deux associations fromagères fonctionnent avec succès à Huez et à Villard-Reculas en Oisans. — L'expérience
a démontré que dans les communes où ces associations sont établies, la
valeur du litre de lait s'est élevée de 6 et 8 centimes à 10, 12 et même
15 centimes (*De l'exploitation des pâturages dans les Alpes*, par M. Du
Guigny, sous-inspecteur des forêts. Paris, 1865).

l'exemple de nos voisins est quelquefois bon à suivre, nous n'avons pas pour l'Angleterre le fétichisme de ceux qui se résignent volontiers au rôle par trop modeste de plagiaires, et nous pensons qu'il faut se garder d'aller chercher à l'étranger ce qu'on aurait dû apercevoir dans son propre pays.

Il y a vingt-six ans, un jeune et savant professeur, enlevé trop tôt à la science et à l'admiration sympathique de ses contemporains, avait été chargé à Lyon d'un cours de droit commercial. Un jour, en exposant, devant un auditoire qu'il avait le don de captiver, les rapports du maître et de l'ouvrier au point de vue légal, il fit une excursion dans le domaine de la science économique, et il indiqua comme moyen de conciliation, comme solution des grands problèmes sociaux, l'*association des travailleurs*. « Sans « doute, disait-il, l'organisation est difficile ; elle demande « quelques essais qui seront des risques. Mais la parole « obscure qui tombe de cette chaire n'est qu'une imper-« ceptible semence qui, mûrie dans le secret de vos pensées, « s'épanouira peut-être un jour en efficaces conceptions. »

Le vœu exprimé par la parole ardente et convaincue de M. Ozanam se réalise aujourd'hui. Mais déjà à cette époque (1) des tentatives avaient été faites. Ainsi bien avant la société de Coventry et celle de Rochdale (2), nous avons eu des associations ouvrières que les Anglais ont appelées et que nous appelons après eux *sociétés coopératives*.

En réalité, l'idée, nous la possédions. L'Angleterre l'a

_____

(1) C'est en 1840 que M. Ozanam faisait à Lyon ce cours dont les notes se trouvent dans ses œuvres complètes (2ᵉ volume des *Mélanges*).

(2) Elles ne datent que de 1842 et 43.

baptisée et lui a donné l'éclat et l'autorité qui sont la conséquence nécessaire du succès. Voilà la vérité et l'ordre des faits.

Parlons donc d'abord de la France.

En 1831, sous l'inspiration de M. Buchez (1), plusieurs ouvriers menuisiers essayèrent de fonder à Paris une société. Mais les bases posées dans les statuts étaient loin d'offrir des garanties sérieuses de succès.

Le travail à la tâche était proscrit, le capital était indivisible et inaliénable et l'association perpétuelle. Leur pensée était d'avoir un fonds social qui, ne pouvant être divisé, s'augmenterait indéfiniment par le prélèvement d'une part considérable sur les bénéfices. L'association pouvait ainsi accroître sans cesse son capital sans que les associés y pussent rien prétendre. C'était supprimer une des conditions nécessaires à l'existence de toute société : *l'intérêt personnel*. Quant à l'interdiction du travail à la tâche, c'était aussi une erreur qui produisait les résultats les plus injustes : car la part de bénéfices qui n'était pas attribuée à la communauté, était répartie entre les associés au *prorata* de leurs journées de travail : en sorte que l'ouvrier habile et laborieux qui avait fourni une quantité de travail considérable, avait le même profit que l'ouvrier négligent et paresseux qui en avait fourni deux fois moins. Dans de pareilles conditions la société ne pouvait réussir ; aussi mourut-elle en naissant.

En 1834, il se forma à Paris une société de *bijoutiers en doré* qui prospère encore aujourd'hui (2). Ses statuts

---

(1) Il venait de publier dans l'*Européen* plusieurs articles où il exposait son système sur l'association ouvrière.

(2) Elle possède à Paris quatre succursales. Son capital est de plus de 100,000 fr., et le dividende des associés est de 20 %.

étaient pourtant rédigés à peu près dans les mêmes principes que ceux des *menuisiers*. Quand ils se sont établis, la loi ne permettait pas de société à durée illimitée ; ils ont donc limité la durée de leur association à trente ans. « Dans « le cas où la loi sera modifiée, l'association deviendra de « fait indissoluble et son capital sera indivisible et inalié- « nable , afin d'en faire une sorte de dotation pour les « membres futurs de la société. Ce capital est formé avec « les dons faits à la société et le prélèvement d'un cinquiè- « me sur les bénéfices. Ce qui reste après le prélèvement « est partagé entre les associés. »

Depuis 1843, ils ont compris la nécessité d'une direction unique : ils se sont donné un gérant.

Ce qu'il y a de plus important pour l'ouvrier dans ces associations , ce qui lui assure un refuge contre la misère, c'est son droit à une part dans le capital. Or, c'est précisément ce droit dont les ouvriers bijoutiers ont fait l'abandon , et ils se sont résignés à rester dans un état voisin de la gêne pendant que la société s'enrichissait. On peut s'étonner avec raison qu'une pareille association ait prospéré. Cela tient aux qualités exceptionnelles qui se sont rencontrées chez ceux qui la composent. Mais leur exemple ne pouvait pas être contagieux : il n'a pas été suivi.

Vers la même époque (en 1835) bien loin de Paris , à Villebois dans le département de l'Ain , cent vingt ouvriers *carriers* ou tailleurs de pierre se groupèrent pour entreprendre une exploitation collective. Ils adoptèrent la forme de société en nom collectif. L'inexpérience des gérants et des associés fit échouer cette première tentative. Au moment de la liquidation chaque associé avait à subir une perte de 4 ou 500 fr. représentant le dixième déjà versé.

Une nouvelle tentative eut lieu en 1848 : quarante-cinq

ouvriers s'associèrent pour sept ans. Grâce à l'expérience acquise, le succès matériel fut assez satisfaisant. Au bout des sept années, la société se liquidait avec 150,000 fr. C'était une épargne d'environ 3,000 fr. que chaque associé avait droit de toucher. Mais les 150,000 fr. n'étaient pas dans la caisse. Il y avait plusieurs créances dont il fallait attendre le recouvrement. Comme à côté de l'actif il y avait quelques dettes légères à éteindre, les ouvriers s'épouvantèrent. Ils firent une transaction par laquelle ils laissaient la liquidation aux risques et périls des gérants. Quant aux associés, ils se contentèrent de la restitution immédiate de leurs versements qui représentaient 1/10 de leur salaire quotidien.

A peine cette société venait-elle d'expirer, qu'il s'en est formé une troisième en 1861. Elle s'est constituée en nom collectif comme les deux premières et pour neuf ans. Il y a trois gérants, dont l'un est chargé de l'écoulement des produits, l'autre, de la surveillance des carrières, et le troisième, de la caisse. Tous les sociétaires supportent, au profit du fonds social, le prélèvement du dixième. Les directeurs gérants ont des émoluments fixes. Pour s'établir, la société s'est fait ouvrir chez un banquier un crédit de 30,000 fr. Les gérants n'en ont profité que jusqu'à concurrence de 16,000 francs, et, aujourd'hui, le chiffre annuel des ventes de la société s'élève à 300,000 fr. (1).

Pendant la crise sociale de 1848, les ouvriers cherchèrent dans l'association un remède à leurs maux ; mais, à cette époque où le socialisme avec ses funestes doctrines

----

(1) *Une Société coopérative d'ouvriers dans le Bugey*, par M. Audiganne (V. le *Correspondant* du 25 mai 1866).

faussait l'esprit public, les sociétés ouvrières se ressentirent des mauvaises influences dont l'air était imprégné. La Constituante crut faire une œuvre essentiellement philanthropique en leur accordant une subvention de trois millions. Celles qui voulurent en profiter ont échoué. La plupart de celles qui, au contraire, ne-pouvaient ou ne voulaient pas avoir recours à la subvention, ont prospéré. Sur vingt-huit sociétés subventionnées, quatre seulement subsistent maintenant : ce sont celles des bijoutiers, des menuisiers en fauteuils, des tailleurs de limes et des typographes. Parmi les sociétés non subventionnées, il y en a aujourd'hui onze en pleine prospérité (1).

Ainsi, la société des *facteurs de pianos*, qui, après s'être vu refuser les secours qu'elle demandait à l'état, a dû passer par une série d'épreuves héroïquement supportées, se composait, en 1863, de trente-deux membres, possédait un capital de 163,000 fr., et avait fait, en 1862, pour 205,000 fr. d'affaires.

La société des *ferblantiers lampistes*, celle des *maçons* et celle des *tourneurs en chaises*, après avoir traversé aussi de rudes épreuves, sont aujourd'hui très-florissantes.

Les ouvriers *ferblantiers* associés étaient au nombre de cinq cents le 12 mars 1848 ; mais cette première tentative échoua. Quarante ouvriers essayèrent de reformer l'association le 11 janvier 1849. Après des débuts pénibles, après avoir plusieurs fois remanié leurs statuts, ils sont arrivés à amasser un capital de 90,000 fr.

La société des *tourneurs en chaises* fut constituée en nom

---

(1) *Des associations ouvrières*, par Eugène Véron, p. 200 et suiv. (Paris, 1865).

collectif à l'égard de sept ouvriers signataires de l'acte de constitution, et en commandite à l'égard de tous les autres. Voici quelques articles de ses statuts : « L'administration « est confiée à un conseil de sept associés en nom collectif « et contrôlée par deux comités appelés conseils de sur- « veillance ou de famille. — Chaque associé en entrant « doit fournir un apport de 500 fr. en outils ou en argent, « ou consentir à la retenue des parts qui lui reviendraient « dans les bénéfices jusqu'au complément de l'apport régle- « mentaire. On ne peut entrer dans l'association qu'après « un noviciat de trois mois, pendant lequel on n'a pas droit « aux bénéfices. Une retenue de 15 °/₀ sur le travail de « chaque sociétaire est destinée à subvenir aux frais de « toute nature. Les bénéfices se partagent pour 2/3 entre « les associés, proportionnellement au nombre des heures « de travail fournies par chacun ; le dernier tiers est des- « tiné à fonder une caisse de retraite et de secours pour « les associés. » — Par un nouvel acte du 24 février 1855, ils modifièrent quelques-unes des dispositions de ces sta- tuts. Ainsi, au lieu du comité des sept, on nomma deux gérants responsables ayant la signature sociale avec un mandat illimité, révocable seulement par l'assemblée géné- rale. Le capital social est aujourd'hui de 50,000 fr. ; le chiffre d'affaires s'élève à 150,000 fr.

Ces quelques détails sur la société des *tourneurs en chaises* suffisent pour donner une idée des autres associa- tions qui se fondèrent à cette époque à Paris. On pourrait signaler dans leur organisation plus d'une imperfection ; mais il en est ainsi de tout ce qui commence.

La plupart des sociétés qui se fondèrent à Paris en 1848 étaient des sociétés de production. Ce n'est là qu'une des formes de la coopération. Avant d'examiner ses développements en Angleterre et en Allemagne, disons un mot des premières sociétés de consommation et de crédit qui sont nées en France.

Les sociétés de crédit et de consommation, il faut bien le dire, ne sont, en principe, que des moyens propres à faciliter les sociétés de production; et une société coopérative, pour être complète, doit réunir à la fois, comme celle de Rochdale, le crédit, la consommation et la production; mais, en France, on a vu naître isolément ces trois formes différentes d'association.

Les trois premières sociétés de consommation qui se soient établies en France sont celles de Guebwiller, de Dieuze et de Grenoble.

L'association de Grenoble, connue sous le nom d'*Association alimentaire,* présente un caractère particulier. L'article 1er de ses statuts la définit ainsi :

« L'association *alimentaire* est une réunion de personnes ayant le droit de venir acheter, au moyen de jetons acquis d'avance, les aliments préparés dans une cuisine commune, soit pour les emporter à leur domicile, soit pour les consommer dans les réfectoires mis à leur disposition. »

Fondée en 1854 par M. Taulier, ancien maire de Grenoble et doyen de la Faculté de droit de cette ville, l'association alimentaire a pour but, non pas la vente au détail des denrées les plus usuelles, mais la vente d'aliments préparés et livrés au prix de revient. Chaque associé a la faculté d'emporter les aliments à domicile ou de les consommer dans le réfectoire commun. L'association ne distribue pas de dividende; les réserves provenant de la partie non employée des économies successives ont pour destination de parer à l'imprévu. Quant au surplus, il est employé dans un intérêt philanthropique (1).

Depuis que la société alimentaire de Grenoble a commencé à fonctionner, d'autres établissements du même genre ont été fondés. Il en existe un à Mulhouse qui est en pleine prospérité. « Ces sociétés alimentaires, a dit un savant économiste, destinées à réaliser le bon marché de la vie pour la nourriture des classes ouvrières, ne doivent pas agir comme dissolvant, mais comme auxiliaire de la famille (2). » Et, à ce titre, elles sont dignes de tout éloge.

En 1832, plusieurs ouvriers d'une manufacture de coton à Guebwiller, en Alsace, s'associèrent pour se procurer le pain à bon marché. Ils construisirent un four et se mirent à fabriquer leur propre pain, en achetant la farine en gros, au moyen de cotisations hebdomadaires. L'association réussit si bien, qu'à la fourniture du pain on ajouta bientôt celle du bois et de quelques autres denrées de première nécessité.
— Cet exemple fut suivi par les ouvriers de Dieuze qui, en 1847, établirent une boulangerie dont les bénéfices ont servi à fonder d'abord une caisse de secours, puis une banque de crédit.

Le 2 juin 1857, on créait à Paris, sous le nom de *Banque de solidarité commerciale*, la première société de crédit mutuel. Neuf ouvriers et petits marchands ignorant complètement tout ce qui s'était fait d'analogue en Allemagne, furent les fondateurs de l'œuvre. Toutefois, la société mère de crédit mutuel diffère des banques d'avances allemandes,

---

(1) Art. 15 des statuts. Voir le *Vrai Livre du peuple*, par M. Taulier. Voir les *Sociétés de coopér.*, par M. Casimir Perier.

(2) Baudrillart. *La liberté du travail, l'association et la démocratie.*

en ce qu'elle n'a pas adopté le principe de la solidarité. Les cotisations sont hebdomadaires et varient entre un minimum de 1 fr. et un maximum de 2 fr. Chaque associé est, à tour de rôle, collecteur des cotisations, afin que la perte de temps résultant du déplacement ne porte que sur une personne à la fois. L'associé peut emprunter une somme égale au double de ses versements jusqu'à un maximum fixé par l'assemblée générale.

Lorsque la société est composée comme celle-ci d'ouvriers appartenant à des industries diverses, le capital social suffit aux emprunts, sans qu'il soit besoin de recourir au crédit extérieur ; car tous les ouvriers n'ont pas besoin d'emprunter aux mêmes époques. Il en serait autrement si la société était formée entre personnes de la même profession, comme celles des *ouvriers en bronze,* par exemple. Alors, il arrivera souvent que les ouvriers auront tous besoin d'emprunter simultanément; et la société, ne pouvant plus suffire aux demandes avec ses propres fonds, sera obligée de faire appel aux capitaux du dehors. Du reste, nous aurons à revenir là-dessus, quand nous serons sorti du domaine de l'histoire. Quoi qu'il en soit, la société mère de crédit a rendu de grands services pendant les huit années qui se sont écoulées depuis sa fondation. Elle a prêté au moins au moins 150,000 fr. de 1857 à 1864, et, en 1865, son capital était d'environ 14,000 fr.

Depuis lors, cinquante sociétés de crédit mutuel se sont formées à Paris, dans le but de faire les avances nécessaires aux sociétés de consommation et de production dont le nombre augmente chaque jour.

La société de *crédit au travail,* qui date de 1863, est constituée en nom collectif à l'égard du directeur gérant, M. Beluze, et en commandite simple à l'égard de tous ceux qui adhèrent aux statuts. Elle se distingue des autres sociétés de crédit mutuel par son caractère d'universalité.

Elle met le crédit à la disposition de tous les travailleurs associés ou non associés qui présentent des garanties suffisantes de moralité. Pendant le seul mois de juillet 1864, le mouvement de caisse a été en entrée de 48,118 fr. 90 c., et en sortie, de 44,477 fr. 87 c. Pendant ce même mois, le nombre des souscripteurs commanditaires s'est augmenté de soixante-dix, et le capital souscrit de 8,100 fr. Cette progression témoigne des succès rapides de la société.

La *caisse d'escompte des associations populaires*, fondée à Paris en 1865 sous forme de société à responsabilité limitée, a pour but de servir d'intermédiaire entre les ouvriers prêteurs et emprunteurs. Elle prête à long terme aux associations ouvrières en voie de formation et à courte échéance aux associations qui sont en pleine activité. D'une part, elle leur fait souscrire des *obligations populaires;* de l'autre, elle escompte leurs effets. — Ces obligations populaires, remboursables en cinq ou six ans, rapportent 5 p. 100 d'intérêt.

Quand des ouvriers s'adressent à la caisse d'escompte avec l'intention de fonder une société coopérative, voici la filière qu'elle leur fait suivre. Elle les engage d'abord à former une société *civile d'épargne et de crédit*, afin de constituer par eux-mêmes le noyau du capital social au moyen de cotisations hebdomadaires. Puis, lorsque le quart du capital social a été ainsi réuni par les ouvriers eux-mêmes, la société civile d'épargne et de crédit se transforme en société commerciale à responsabilité limitée. La caisse d'escompte parfait alors le capital social en prêtant les trois quarts. — Pour assurer le remboursement de ce prêt, les associations émettent des *obligations populaires* qui sont garanties par la caisse d'escompte, réalisées par elle et livrées au public.

La caisse d'escompte depuis sa fondation a ouvert des crédits à long terme à quatre sociétés de production et à une société de consommation pour une somme de 102,000 fr. (1).

Les sociétés de crédit étant de date très-récente en France, nous sommes obligés, pour faire leur histoire, de parler de celles qui sont nées pendant ces deux dernières années.

Les associations de crédit mutuel entre ouvriers salariés n'ont commencé à se fonder que depuis l'année dernière. Leur but est de réunir les fonds nécessaires pour former des sociétés de production. Leur mécanisme est très-simple. Chaque ouvrier associé prélève sur sa part de salaire une somme qui est toujours très-minime. Ainsi, dans la société *des ouvriers en manches de parapluie*, chacun verse une cotisation de 50 cent. par semaine. Le capital formé à l'aide de ces cotisations est placé en compte-courant à la caisse de la société *de crédit au travail*. Et, en attendant qu'ils l'emploient à s'établir, cet argent leur rapporte un intérêt et sert à soutenir les sociétés déjà existantes.

Dans les départements, on a suivi depuis quelque temps l'exemple donné à Paris. En Alsace, plusieurs sociétés de crédit se sont fondées. La *banque populaire de Colmar* doit son existence à l'initiative de M. Liblin, directeur de la *Revue d'Alsace*. La durée de l'association est fixée à vingt-cinq ans; le nombre des associés ne doit pas dépasser cinq cents. La constitution du capital social s'effectue par des

---

(1) Nous empruntons ces détails au rapport lu par M. E. Duvergier de Hauranne au congrès des délégués des sociétés savantes (mars 1866).

cotisations hebdomadaires de 1 fr. au minimum, et celle du fonds de réserve par un versement mensuel dont le minimum est également fixé à 1 fr. L'apport social doit être de 300 fr., et celui du fonds de réserve est de 20 fr. par sociétaire. Les versements supérieurs à ces sommes ne sont reçus qu'à titre de dépôts.

A Mulhouse, il s'est fondé dernièrement, sous le titre de *Société civile de vente et de coopération*, une association qui réunit les deux caractères du crédit et de la consommation.

Les ouvriers s'associent par groupes de douze, ayant chacun leur caisse alimentée par les cotisations des associés. Une banque centralise les opérations de ces petites sociétés de crédit mutuel, qui y déposent leurs fonds en compte-courant, et qui, grâce à la solidarité de leurs membres, obtiennent la faculté de lui emprunter le double de leur avoir particulier. En même temps, elle consacre une partie de ses capitaux à la fondation et à l'alimentation des magasins de comestibles et de vêtements.

C'est à peu près sur le même modèle et en prenant aussi le titre de *Société civile* de crédit que s'est établie à Valence la société coopérative dite l'*Universelle*. Des voix plus autorisées que la nôtre ont rendu hommage au zèle persévérant de ses fondateurs, MM. Vasseur et Frandon (1). Le succès est venu couronner leurs efforts; car aujourd'hui la société de consommation de Grenoble, commanditée par celle de Valence, est aussi florissante qu'on pouvait l'es-

---

(1) Voir dans la *Revue critique*, livraison 1866, *le Code Napoléon et les Sociétés coopératives civiles du Dauphiné*, par M. G. Boissonade, professeur à la Faculté de droit de Grenoble.

pérer. Avec un capital de 6,000 fr. que lui a fourni la société mère, elle a fait, pendant le trimestre du 15 novembre au 15 février 1866, pour 1,500 fr. d'affaires, et elle a pu donner aux consommateurs sur les bénéfices nets, défalcation faite des frais d'exploitation et de l'intérêt du capital engagé, un dividende de 5,12 p. %, correspondant à ce même trimestre.

A Lyon, la *Société Lyonnaise de crédit au travail*, fondée sur le modèle de la société *de crédit au travail Beluze et C*^e de Paris, est le centre du mouvement coopératif. Elle a aidé à la constitution d'une *société beaujolaise de crédit mutuel*, à Villefranche.

En terminant ce petit exposé historique sur les sociétés de crédit en France, n'oublions pas de mentionner les *sociétés à deux sous*, qui existent également à Lyon et à Paris. Plusieurs ouvriers appartenant d'ordinaire à un même atelier, s'associent et prélèvent chaque semaine sur leur salaire la modeste somme de deux sous. Lorsque le fonds social s'élève au chiffre de 50 ou 100 fr., chaque ouvrier fait de petits emprunts sans intérêt au fur et à mesure de ses besoins. Ces sociétés, qui sont accessibles aux plus pauvres, produisent d'excellents résultats et prouvent combien le principe si fécond de l'association peut faire fructifier les moindres épargnes.

Il faut rendre justice à qui elle est due. Et après avoir parlé du développement tout récent des associations de crédit en France, nous ne pouvons oublier que ce développement est dû en grande partie aux exemples de nos voisins les Allemands. C'est l'Allemagne qui a vu naître les *banques d'avances*, exclusivement destinées au crédit populaire : et c'est en Allemagne qu'il faut aller chercher le modèle des sociétés coopératives de crédit.

En 1849, M. Schulze Delitsch fonda dans sa petite ville (à Delitsch, en Prusse), une société de crédit mutuel dont les statuts ont été copiés par plus de six cents sociétés qui existent aujourd'hui dans les différents états de l'Allemagne. Association et solidarité, tels sont les deux principes dont la combinaison a fait le succès des banques d'avances *(vorschuss banken)*. Suppléer par le crédit collectif au défaut de crédit individuel, en mettant en commun leurs responsabilités personnelles et le produit d'une cotisation annuelle, et se procurer ainsi des capitaux qu'ils empruntent comme société pour les prêter ensuite à ceux qui en auront besoin : voilà ce qu'ont fait les ouvriers allemands sous l'inspiration de M. Schulze Delitsch.

Voici, en deux mots, quelle est l'organisation de ces *banques d'avances*, dénomination justement critiquée parce qu'elle n'implique pas l'idée d'association (1) : Chaque associé paie un droit d'entrée fixé à un thaler au plus (3 fr. 75 c.) et doit fournir une part fixée à 40 thalers ou 150 fr., qui peuvent être payés par cotisations mensuelles de 5 silbergros ou 55 centimes. Pour rendre ces sacrifices encore plus légers, dès qu'un associé a versé ses 3 fr. 75 c. pour droit d'entrée et 55 c. pour sa première cotisation mensuelle, la banque se met aussitôt à travailler pour lui. Tout versement, quelque petit qu'il soit, est capitalisé à son compte jusqu'à ce que son apport ait atteint le chiffre réglementaire de 40 thalers. C'est alors seulement qu'il devient actionnaire et qu'il a droit à toucher ses dividendes.

---

(1) V. l'article de M Cherbuliez. *Journal des Economistes*, nov 1860, p. **181-82.**

S'il les laisse à la caisse, la banque les accepte à titre d'emprunt; et, outre l'intérêt fixe de 5 p. %, il a droit à une part dans les bénéfices proportionnelle à la somme totale de ses versements. Tout sociétaire a le droit d'emprunter jusqu'à concurrence de son actif, et quand son apport est complet jusqu'à concurrence du double de son actif, en donnant la signature d'un autre associé qui le cautionne, soit 80 thalers (300 fr.). Pour servir des emprunts supérieurs aux versements qu'elle reçoit, la banque doit nécessairement recourir aux capitaux du dehors en utilisant le crédit de l'association. Or, le papier de la société est facilement accepté parce qu'il est garanti par tous les associés. C'est le triomphe du crédit collectif. En un mot, si le souscripteur ne se libère pas dans les trois mois (la durée des prêts est de trois mois au plus), la caution est poursuivie, et si la caution ne paie pas, la perte résultant du nonpaiement est répartie par contribution entre tous les sociétaires.

Le succès de la banque populaire a frayé la voie aux autres associations coopératives en Allemagne. On s'associe maintenant pour la production, pour la consommation, pour l'achat en commun des matières premières, pour la construction de logements à bon marché. La banque populaire profite largement de l'émulation qu'elle a semée autour d'elle ; ses progrès n'ont jamais été plus rapides que depuis qu'elle a cessé de marcher seule. Le rapport sur l'année 1864 enregistrait 1170 associations ouvrières, et là-dessus il faut compter 900 sociétés de crédit. Il y en avait 455 dont on donnait les résultats. Ces 455 banques populaires comptaient, à la fin de 1864, 135,013 sociétaires et pouvaient disposer de plus de 60 millions. Avec ces 60 millions, elles ont pu faire à leurs sociétaires pour 180 millions d'avances sur lesquels il n'a pas été perdu au-delà de 80,623 francs, soit 17 centimes par mille francs prêtés (1).

Des renseignements plus récents portent le nombre des associations coopératives en Allemagne à plus de 1,300. Aussi, elles n'ont pas tardé à sentir le besoin d'un organe spécial. De là est né le congrès coopératif (genossenschaftstag) qui se réunit chaque année à Stettin. Il se compose de délégués des associations qui sont en rapport permanent avec l'agence centrale du mouvement coopératif (anwaltschaft).

Les associations de production sont relativement peu nombreuses en Allemagne. « La raison en est toute simple, « dit M. Véron. La grande industrie et le grand commerce « y sont beaucoup moins développés, et par conséquent « moins oppressifs qu'en France et en Angleterre. Il en « résulte que le petit commerce et la petite industrie, moins « écrasés par la concurrence, ne sont pas poussés par les « mêmes nécessités vers l'association. » Chaque pays a ses préférences qui s'expliquent par sa situation industrielle. En France, les ouvriers pensent surtout à se dégager de leurs rapports avec les patrons : de là leur prédilection pour les sociétés de production. C'est par là qu'ils ont commencé, et ce n'est qu'après des tentatives sans succès qu'ils ont été ramenés à l'expérience plus prudente du crédit.

En Angleterre, pays de grande industrie, le capital est tellement puissant que l'idée de lutter contre la grande production n'est pas venue tout d'abord à l'esprit des ouvriers. D'autre part, les instruments de crédit y sont trop

_____

(1) V. l'article de M. Horn, dans l'*Avenir national*, du 23 septembre 1865.

nombreux et trop perfectionnés pour que les ouvriers n'aient pas senti le besoin de diriger dans ce sens leurs premières aspirations. Mais dans les grands centres manufacturiers, le nombre et l'agglomération des consommateurs favorisent l'organisation économique d'une sorte de ménage en commun. Les sociétés de consommation ou *stores coopératifs* ont répondu admirablement aux besoins des ouvriers et ne pouvaient manquer d'y prospérer. C'est sous cette forme qu'est né le mouvement coopératif en Angleterre. C'est par là que les *Equitables pionniers de Rochdale* ont commencé.

Un article du *Quaterly Review*, traduit par la *Revue britannique*, nous a donné d'intéressants détails sur les débuts de ces travailleurs. Leur histoire a été reproduite depuis par tous ceux qui ont parlé de sociétés coopératives. Il est intéressant, en effet, de suivre les progrès de cette vaste entreprise depuis le jour où l'on voit quelques pauvres ouvriers tisserands en flanelle réunissant chaque semaine leurs modestes cotisations de 3 pences (31 centimes), et vendant dans une misérable échoppe, à la lueur d'un bout de chandelle, une mince provision de beurre, de sel et de farine, jusqu'au moment où la société de Rochdale, composée de 4,000 associés, ayant un capital d'un million, a fait dans une seule année pour plus de 6 millions d'affaires. Tels sont les résultats donnés pour l'année 1864. La société date de 1844. C'est donc en vingt ans que ce prodige a pu s'accomplir. Les Pionniers de Rochdale n'ont fait, du reste, que réaliser leur programme. Car dès l'année 1844, ils avaient rédigé une déclaration où ils annonçaient le but de la société : « Etablissement d'un magasin pour la vente des provisions et des vêtements ; construction et achat de maisons pour les membres désireux d'améliorer leur condi-

tion; fabrication des produits les plus nécessaires; acquisition par achat ou fermage de terres destinées à être
cultivées par les bras inoccupés; création d'établissements
communs pour l'instruction et le développement moral des
membres de l'association. » Il y avait bien là de quoi faire
sourire les incrédules et taxer de folie d'aussi ambi-
tieuses prétentions. Mais le succès justifie tout, et il n'a
pas manqué aux ouvriers de Rochdale (1). En 1856, la
société était tellement puissante qu'elle ajouta à son commerce des opérations de production. L'association manu-
facturière ou filature de Rochdale occupait, en 1860, 300
ouvriers et des machines représentant une force de 160 chevaux, ayant coûté 1,250,000 francs.

Avant même de fonder la manufacture, les ouvriers de
Rochdale avaient exploité un moulin; ce fut leur premier
essai de production. Il est important de faire connaître ici
les caractères généraux de la société de consommation ou
magasin de Rochdale, qui est cité comme un modèle dans
ce genre. Nous verrons plus loin, lorsque nous aborde-
rons la question légale, si dans l'état actuel de notre législa-
lation nous pouvons copier exactement ce modèle.

L'association du magasin a pour objet l'achat en gros et la
revente au détail des denrées alimentaires, et surtout des
matières d'épicerie. Les ventes sont faites au comptant et
au prix courant. Le simple fait d'acheter à l'association
devient un titre à une part dans les bénéfices proportionnelle au chiffre des achats. C'est dans ce but que
chaque acheteur reçoit un bulletin portant le chiffre de ce
qu'il a payé.

_____

(1) V., pour plus de détail, les *Sociétés de coopération*, par M. Casimir Perier.

Nul n'est reçu sociétaire que sur la présentation d'un membre admis déjà et avec l'approbation de la société ou de ses représentants.

Chaque associé doit posséder au moins une action de 25 francs. Lorsque ses petites cotisations hebdomadaires de 3 pences ont atteint ce chiffre, il devient actionnaire. Mais nul ne peut posséder plus de cinq actions, c'est-à-dire plus de 125 francs.

Le surplus des fonds figure en compte courant au crédit personnel du dépositaire jusqu'à la limite de 2,500 fr. au maximum.

Les bénéfices sont liquidés tous les trimestres. On commence par prélever les frais d'administration et les intérêts à 5 %, du capital des associés. Le reste forme le bénéfice et est distribué en dividendes.

Une part est attribuée aux sociétaires proportionnellement à leur capital, et l'autre aux acheteurs proportionnellement au montant de leurs achats.

Dans le principe, la direction et toutes les fonctions furent gratuites. Aujourd'hui, l'importance des affaires et le temps que sont obligés d'y consacrer ceux qui en sont chargés, leur donnent droit à une compensation. Tous les employés reçoivent un traitement.

L'administration est confiée à un comité de directeurs qui se réunissent une fois par semaine. Tous les mois il y a une assemblée générale où tous les associés votent à droit égal. Telle est en résumé l'organisation du magasin de Rochdale.

Deux points dans ce règlement méritent de fixer l'attention : c'est d'abord la vente au prix courant, sauf à tenir compte aux acheteurs et aux sociétaires de la différence entre le prix d'achat et le prix de revient au moment du partage des bénéfices. Pour le magasin de Rochdale, qui s'est établi sans avances et qui n'avait pas à côté de lui une société de crédit pour le soutenir et lui fournir des capitaux, la vente des denrées au prix *courant* et non au prix *coûtant* était une nécessité. Il fallait que le magasin se servît de banque à lui-même. Et, grâce à la différence entre les prix d'achat en gros et les prix de vente au détail, il a pu réaliser en peu de temps des bénéfices considérables. Ainsi s'est formé son capital. — Le second point qui doit être signalé, c'est la mesure adoptée non pas dès le principe mais dans un moment critique, de vendre non-seulement aux associés mais au public et de faire participer tous les consommateurs aux bénéfices.

Après avoir esquissé le mécanisme du magasin de Rochdale, il est utile d'indiquer le mode de répartition des bénéfices entre le capital et le travail dans la manufacture ou société de production. En supposant l'intérêt de 5 et le dividende de 6 %, voici comment on évalue les parts respectives du travail et du capital :

Le capital versé dans l'entreprise, en admettant que son possesseur travaille ailleurs, perçoit 111 fr. L'ouvrier qui n'a rien versé et qui gagne 100 fr. pour son salaire reçoit 106 fr. Enfin, l'ouvrier qui n'a gagné que 75 fr. pour son salaire et qui possède une action de 25 fr. touche 107 fr. 25 c. Il est évident d'après cela que la part faite au capital est supérieure à celle du travail. Et tandis que le travail n'a droit qu'à un dividende proportionné au salaire, le capital reçoit tout à la fois et l'intérêt et le dividende. « Dans ce « mode de répartition, dit M. Casimir Perier, le travail et « le capital, la création de la richesse et la richesse créée « voient leurs droits également respectés. »

Les Pionniers de Rochdale ne sont pas les premiers qui

aient fondé ou du moins qui aient essayé de fonder une
association coopérative en Angleterre. D'autres tentatives
ont été faites avant eux, mais elles ont échoué. Ainsi, en
1842, il s'était déjà formé à Coventry une association pour
fournir du charbon aux ouvriers pauvres. L'association a
compté un moment jusqu'à 850 ouvriers. Elle avait entre-
pris la fourniture des objets de première nécessité et ins-
tallé une boulangerie qui a fait jusqu'à 450,000 fr. d'affaires.
Mais les crises de ces dernières années et surtout des goûts
de luxe et de dépenses improductives l'ont fait disparaître.
Il est donc vrai de dire que c'est aux succès éclatants de la
société de Rochdale qu'on doit attribuer sinon l'origine, du
moins le rapide essor du mouvement coopératif en Angleterre.

La Grande-Bretagne compte, d'après la *Revue d'Edim-
bourg* du mois d'octobre 1864, environ 800 associations ,
comprenant 200,000 membres et possédant un capital de
25 millions. Parmi les associations de production les plus
célèbres, nous citerons celle de *Leeds* qui a pour objet l'exploitation des moulins montés et possédés exclusivement
par des ouvriers. Elle a vu en dix années le nombre de
ses membres porté à 3,000. Elle a vendu pour 7,500,000 f.
de farine et réalisé un bénéfice de 62,000 fr. avec un capital engagé de 250,000 fr. On peut citer encore l'association des constructeurs de machines à Londres , celle des
tailleurs de Liverpool, des mineurs de Cornouailles, des
ouvriers chapeliers de Manchester, la fameuse fabrique de
bougies de Belmont, etc. Pour les associations de consommation, leur nombre augmente de jour en jour, et la sta-
tistique devient impossible. Il y a un greffier spécial
registar) chargé de les enregistrer : c'est là le mode de

6

publicité adopté en Angleterre pour les sociétés coopératives.

Quant aux sociétés de crédit elles sont rares. Les sociétés de consommation en tiennent lieu et mènent tout naturellement leurs membres à l'association de production, grâce aux bénéfices qu'elles leur procurent. Du reste, les instruments de crédit sont assez multipliés en Angleterre pour que les ouvriers puissent se passer plus facilement qu'en Allemagne des banques d'avances. Il y a surtout en Écosse des banques qui rendent de grands services à la petite industrie et au petit commerce et font office pour tout le monde de caisses d'épargne, de banques de dépôt et d'établissements de crédit.

Le mouvement coopératif, arrêté depuis 1851, ne s'est réveillé en France qu'en 1863, après le retour des ouvriers envoyés à l'exposition universelle de Londres. C'est donc pendant ces deux dernières années qu'on a vu naître la plupart des associations qui fonctionnent dans nos grands centres industriels et commerciaux.

A **Paris**, douze à quinze associations de production se sont formées ou sont en voie de formation. Parmi celles qui ont prospéré, nous citerons cinq sociétés de fondeurs en cuivre et de fondeurs en fer. Elles ont beaucoup souffert en commençant, mais elles sont maintenant constituées légalement. L'une d'elles a acheté des terrains à Grenelle et obtenu assez de crédit pour faire un emprunt de 10,000 fr. L'association des *formiers* a commencé avec des ressources bien modiques : elle se composait de deux ouvriers et elle avait 2 fr. en caisse.

La plupart de ces associations se sont constituées pour trente ans, *en nom collectif* à l'égard du gérant et *en com-*

mandite pour les autres membres. Quelques-unes ont préféré la forme de société à *responsabilité limitée.*

Voici quelques-unes des dispositions générales communes à toutes les associations :

L'apport des associés est formé par la retenue du dixième sur les salaires de tous les bénéfices, jusqu'à ce que la somme soit complétée, et par des versements facultatifs. Les associés même non occupés devront verser au moins 1 fr. par semaine. L'apport social peut, par décision de l'assemblée générale, être élevé à un chiffre supérieur à celui qui a été primitivement fixé. Le travail est payé à la tâche ou à la journée. Quelle que soit sa nature, il a droit à une double rétribution : la première, qui représente le salaire actuel, est versée à chacun par payes périodiques ; la seconde, qui est une part du produit, à titre de complément de main-d'œuvre. Les travailleurs associés sont responsables des pertes et des dettes dans les limites de leur apport. Les travailleurs non associés ou auxiliaires n'étant pas responsables des pertes et des dettes, n'ont droit qu'à la moitié de la part de bénéfices qui revient au travailleur associé. En cas de retraite ou d'exclusion d'un associé, son capital doit lui être remboursé en deux fois et en deux années avec intérêt simple de 5 %.

Indépendamment de ces clauses qu'on retrouve dans les statuts de toutes les sociétés de production de Paris qui ont adopté la forme de la commandite (1), il en est qui sont particulières à chaque société. Ainsi, celle des cordonniers, pour stimuler l'activité des associés, a ajouté au règlement

---

(1) Voir les modèles de statuts publiés par le journal l'*Association.*

d'atelier l'article suivant : « Pour avoir droit à la répartition
« égalitaire des bénéfices, chacun des associés doit fournir,
« au minimum, en main d'œuvre, le chiffre de 80 fr. par
« mois. Ce minimum représente légalement trente jours
« d'activité fournie. Ceux des associés qui ne fourniraient
« pas mensuellement ce chiffre minimum, ne recevront de
« bénéfices que la part proportionnelle du chiffre de ren-
« dement qu'ils auront fournie (1). » C'est une bonne
précaution, dit M. Véron, pour les professions où le travail
aux pièces est impossible.

La forme de société à responsabilité limitée a été adoptée
par les ouvriers fondeurs en cuivre, dont les statuts sont
parfaitement conformes à la loi de 1863 (2). Mais après avoir
compté jusqu'à 340 membres, elle a été obligée de renou-
veler complètement son personnel; elle a dû renoncer à
réaliser une grande partie de son programme, et aujour-
d'hui elle végète. L'association des ébénistes, en suivant
d'assez près la forme des sociétés à responsabilité limitée, a
créé des statuts qui s'écartent sur plus d'un point des dispositions de la loi de 1863. Ceci tendrait à prouver que les
sociétés coopératives peuvent difficilement s'accommoder
de notre législation actuelle.

Les cinq ou six sociétés de consommation qui ont été
fondées à Paris dans ces derniers temps ont assez bien
réussi. La grande difficulté est dans le choix des gérants.

L'association *Poindron* a pour but d'aider à la formation
d'associations particulières pour la consommation et l'ap-

---

(1) V. les *Associations ouvrières*, par Eug. Véron, p. 229.
(2) Société des fondeurs en cuivre, 11, rue des Filles-du-Calvaire. Statuts aux minutes de Me Dubois, notaire, rue Grange-Batelière, 16.

provisionnement. Le magasin ouvert à Passy faisait par jour, au mois de novembre dernier, pour 300 fr. d'affaires et avait vendu 250,000 kil. de charbon. On vend au prix courant, et non seulement aux associés, mais à tous les consommateurs qui se présentent. Les acheteurs associés ont droit aux bénéfices provenant de la différence entre le prix de revient et le prix réel. Chaque associé touche un dividende proportionnel qui s'établit à la fin de chaque mois ou de chaque année. Quant aux acheteurs non associés, la plupart des statuts ne leur accordent aucune part dans les bénéfices ; et ceci dans le but de les engager à devenir associés. C'est là une faute qui n'a pas été imitée par quelques sociétés de consommation fondées dans les départements, entre autres par celle de Grenoble.

Le mouvement coopératif se développe tous les jours de plus en plus dans les départements. A Lyon, la grande association des *tisseurs* comprend plus de 1,800 membres, à la tête d'un capital de 80,000 fr. A Saint-Etienne, la société des *ouvriers rubaniers* comprend plus de 1,200 membres et possède un capital souscrit de 600,000 fr. A Roanne, à Aix, à Bordeaux, à Nantes, au Havre, des sociétés coopératives de consommation et de production fonctionnent ou sont en train de se former. Parmi les associations de production nées en province qui remontent à 1848, on ne cite que celle des *porcelainiers* à Limoges et celle des *drapiers* à Vienne (Isère). Cette dernière société, dite *société de Beauregard*, a fait des progrès rapides. Les ouvriers drapiers de Vienne, qui sont les *Pionniers* du Dauphiné, ont débuté par un simple achat de 1,000 fr. de laines. Aujourd'hui ils ont créé une boulangerie, un magasin de charbon et possèdent à Beauregard, près de Vienne, un domaine de six hectares où ils ont fondé une école et où ils vont se récréer le dimanche. Ils y tiennent leur banquet annuel le jour de la Saint-Jean, qui est leur fête patronale, et y invitent toutes les notabilités de la ville. Les affaires de la société ont si bien prospéré que les actions rapportent aujourd'hui 8 à 10 % de dividende annuel, et qu'elle a acheté un immeuble qui occupe plus de 3,000 mètres carrés dans l'intérieur de la ville (1).

Nous avons dit que la production, la consommation et le crédit ne sont pas les seuls objets auxquels puisse s'appliquer le principe de la coopération. Sans parler des sociétés fromagères, qu'il est assez rationnel de classer parmi les sociétés de production, il y en a qui ont pour but, soit l'achat des matières premières, soit la construction de maisons pour les ouvriers. Il vient de se fonder à Paris, sous le titre de *Société coopérative immobilière*, une société qui a pour but de construire des habitations dans lesquelles seront logés les sociétaires. Le nombre de ses membres et le chiffre de son capital peuvent augmenter indéfiniment. Chaque membre, en entrant dans la société, souscrit une part de capital dont le mode de versement varie depuis celui d'un paiement immédiat jusqu'à celui d'un paiement par cotisations en 30 années. Les premiers versements sont employés en acquisition de terrains et en construction d'immeubles sur lesquels la société emprunte par première hypothèque. Les versements qui ont lieu pendant les dernières années servent à rembourser les emprunts. Chaque sociétaire, comme copropriétaire et comme locataire des immeubles sociaux, a deux rôles parfaitement distincts. Cette

---

(1) Rapport de M. J. Duval au congrès des délégués des sociétés savantes (V. l'*Economiste* du 12 avril 1866.

distinction constitue l'essence même de la coopération. Elle
a cet avantage que le sociétaire, après avoir souscrit une
part de capital en rapport avec ses ressources, demeure
entièrement libre de choisir ensuite un logement en rapport avec ses besoins. D'une part, il touche l'intérêt des
sommes qu'il a versées ; de l'autre, il paie le loyer de l'ha-
bitation qu'il occupe (1). Dernièrement enfin il s'est formé
aussi, à Paris, une *Société philharmonique* qui ressemble,
pour quelques côtés, aux sociétés de coopération (2), mais
dont le caractère ne nous paraît pas nettement défini. Quant
à la société civile des *cités ouvrières de Mulhouse*, qui a
pour but de fournir aux ouvriers des logements et de les
rendre propriétaires dans un temps donné, elle nous paraît
réunir plutôt les caractères d'une société de crédit.

Nous n'avons parlé que de la France, de l'Allemagne et
de l'Angleterre. Il ne faut pas croire que le mouvement
coopératif n'ait pas pénétré ailleurs.

L'Italie, la Hollande, la Belgique (3), la Suisse, l'Espagne
et même la Russie, ont vu naître des sociétés coopératives.
C'est par des associations coopératives entre matelots que
se font la plupart des navigations de Syra et des autres ports

---

(1) Nous empruntons ces détails aux statuts de la Société.

(2) Voir dans l'*Association*, n° du 25 mars 1866, un article de M. L.
Chassin, ayant pour titre : *De la coopération artistique*.

(3) Il y a à Liége une société de consommation qui diffère des sociétés
françaises et anglaises. Elle n'a pas de magasin de vente. Elle traite avec
quelques épiciers et boulangers de la ville qui bonifient à la société un
rabais de 5 à 15 % sur les achats faits par les membres au moyen de
jetons que la société leur vend. — Dans ce système, les bénéfices directs
sont moindres, puisqu'il faut partager avec les fournisseurs.

de la Grèce. « Un certain nombre de marins, dit M. Lenormant, se réunissent pour la construction d'un navire, ap-
portant les uns leur argent, les autres du bois, des voiles,
des cordages, qui sont estimés d'un commun accord. Le
navire est construit; les associés s'y embarquent comme
matelots, s'adressent aux négociants pour avoir une cargai-
son, et partent pour Marseille, pour Trieste, pour Gênes,
Livourne. Au retour, les produits de la compagnie sont di-
visés en deux parts : la première est pour le capital : c'est
un dividende qui se répartit entre les associés proportionnellement à leur apport ; la seconde est destinée à la rémunération du travail ; chacun en reçoit une fraction en rapport avec la nature de son service à bord...... (1). — Aux
Etats-Unis, on a vu se former entre plusieurs nègres éman-
cipés une association pour acheter et cultiver des terres.
Les membres de l'association *James Iripp* ont eu chacun
pour leur part du bénéfice net de l'année au moins 250 fr.,
sans compter une bonne provision de vivres, maïs et légu-
mes, qu'ils peuvent vendre dans les villes voisines (2).

———

Nous avons esquissé rapidement l'origine et les progrès
du mouvement coopératif ; nous avons constaté et décrit les
faits actuels. Il nous reste à les juger au point de vue économique et au point de vue légal. Les sociétés coopératives
sont possibles, puisqu'elles existent. Mais sont-elles désira-

———

(1) *Voyage au volcan de Santorin*, par M. Fr. Lenormant. *Correspondant* du 25 mai 1866.
(2) *Les Associations ouvrières*; par Eugène Véron, p. 277.

bles? Ne heurtent-elles pas d'abord les principes économi-. ques et sociaux? Et si elles présentent des avantages maté- riels, moraux et sociaux qu'on ne puisse contester, s'il faut les favoriser et les faciliter, doit-on se contenter de notre législation actuelle? Faut-il, au contraire, la modifier? Et, enfin, quelles seraient les bases de la loi nouvelle? Telles sont les questions auxquelles nous allons essayer de répondre.

CHAPITRE II.

**De l'association coopérative considérée au point de vue
économique.
Ses avantages. — Réponse à quelques objections.**

Aux idées nouvelles, il faut des mots nouveaux. Lorsqu'un mot nouveau apparaît dans la langue économique ou dans la langue juridique, il est bon d'en rechercher l'étymologie, afin d'en comprendre toute la portée. Or, beaucoup de personnes en sont encore à se demander ce que signifie le mot de *coopération*. *Coopérer* (*cum-opus*), c'est agir, c'est travailler en commun dans un même but. Les *coopérateurs* sont ceux qui se réunissent pour agir par eux-mêmes. — Les mots nouveaux, comme les institutions nouvelles, trouvent toujours des partisans convaincus et des détracteurs acharnés. La dénomination de *société coopérative*, qui nous vient des Anglais, a été fort critiquée. On lui reproche de réunir deux mots dont l'assemblage est une superfétation, un pléonasme. Sans vouloir la justifier en tous points, nous ne croyons pas qu'elle mérite les reproches qui lui ont été adressés. *Association* a un sens très-vague, ou tout au moins très-large. Or, il fallait bien exprimer sous une forme quelconque cette idée de travail et de capital réunis dans une même entreprise, se soutenant mutuellement, et prenant chacun leur part dans les bénéfices. Il fallait aussi séparer nettement cette institution des sociétés coopératives de toutes les tentatives socialistes, dont le mot *association*, par un abus singulier, éveille trop facilement le souvenir. Ces deux motifs nous font accepter la dénomination 'de *Sociétés coopératives* jusqu'à ce qu'on ait trouvé à la remplacer par quelque chose de plus parfait.

Voici à cet égard ce que nous lisons dans l'exposé des motifs du nouveau projet de loi :

« Après quelques hésitations, le mot *coopération* a été maintenu dans la loi. D'abord, il est consacré par l'usage qui, en pareille matière, est une autorité presque souveraine. En second lieu, il a l'avantage d'éviter les périphrases qui jettent toujours de l'obscurité sur les prescriptions légales et dans les discussions juridiques. Enfin, il caractérise assez exactement les associations auxquelles il s'applique, puisqu'il indique que le concours des associés y est en général plus direct, plus actif et plus personnel que dans les autres sociétés (1). »

Ceux qui ont essayé de définir l'association coopérative ont échoué. Essayons pourtant de la caractériser par son but, par son objet, par ses applications.

« L'association coopérative, a dit un publiciste, est celle par laquelle les ouvriers, contribuant eux-mêmes à la formation d'un capital, peuvent emprunter individuellement

_____

(1) Exposé des motifs du nouveau titre IV du projet de loi sur les sociétés.

sur ce capital ou l'employer collectivement soit à la consommation, soit à la production (1), » Cette définition qui, du reste, est une des meilleures, a le grand tort d'être incomplète, parce qu'elle est restrictive. Ce sont bien là , il est vrai, les trois types les plus fréquents de société coopérative. Mais il ne faut pas fermer la porte aux combinaisons nouvelles.

Un des grands buts de l'association coopérative, c'est de de faire disparaître les divisions d'intérêt par la *mutualité*. La mutualité est un remède , en ce qu'elle réunit sur la même tête deux qualités rivales. Nous ne voulons pas prétendre par là qu'il y ait antagonisme entre le capital et le travail. Nous savons qu'en principe, et au point de vue de la science économique, le capital et le travail ont besoin l'un de l'autre ; que le travail est un des éléments de formation du capital ; que le capital lui-même n'est que du travail accompli, accumulé, mis en réserve ; que le travailleur d'aujourd'hui sera le capitaliste de demain ; et, qu'en définitive, c'est le capital qui est le grand émancipateur du travail (2). Mais, il n'en est pas moins vrai que si l'antagonisme n'existe pas en principe entre le capital et le travail, la rivalité , la division d'intérêts existent en fait entre le capitaliste et le travailleur. Lorsque sur un produit de dix, le capital prélève six et le travail quatre, l'ouvrier ne s'explique pas toujours bien facilement ce qu'il y a de juste dans ce mode de répartition. Or, le moyen de faire cesser

---

(1) Voir la *Revue des deux Mondes* du 1er avril 1866. *Etude d'économie sociale, Associations ouvrières*, par Ch. Lavollée.

(2) L'ouvrier a dans sa force et dans son habileté professionnelle un capital *personnel ;* dans ses outils, un capital fixe ; mais il lui manque le capital *circulant* (E. Véron, *Associations ouvrières*).

cette division d'intérêts, c'est de réunir sur la même tête les qualités de travailleur et de capitaliste, de prêteur et d'emprunteur, de vendeur et d'acheteur. Tel est le problème résolu par la coopération. Est-ce à dire que l'ouvrier n'ait pas en dehors de là d'autre moyen de devenir capitaliste, et que son salaire, à peine suffisant à satisfaire ses besoins journaliers, le condamne à un prolétariat perpétuel?

Ce sont là des exagérations qui servent de thème aux déclamateurs. Sur dix ouvriers rangés et économes, je prétends qu'il y en a huit qui pourront arriver à amasser un petit capital; mais ce sera long, ce sera difficile. L'association coopérative, avec toute la supériorité de l'épargne collective sur l'épargne individuelle, leur offre un moyen plus prompt, plus facile d'atteindre le même but.

Consommation, crédit, production : voilà les trois grandes fonctions économiques qui ont fait naître les trois principaux types de l'association coopérative.

Simplifier l'organisme commercial, en supprimant les intermédiaires parasites; mettre en rapport direct le consommateur et le producteur, tel est le résultat de la *société de consommation*. Elle a pour objet d'acheter en gros pour vendre en détail aux associés et même au public. Son but est de retenir pour les consommateurs associés, et même, dans une certaine mesure, pour les consommateurs non associés, les profits que ferait sur eux le commerce de détail.

La *société de crédit mutuel* se forme entre plusieurs petits fabricants ou commerçants de professions diverses qui, au moyen de cotisations périodiques, arrivent à se faire un capital social. Ce capital fournit aux emprunts des sociétaires. Le but de la société est de substituer au crédit

accordé sur nantissement et sur garantie le crédit *personnel*
auquel ont droit tous les associés. Si les emprunts dépassent l'encaisse, la société fera appel au crédit extérieur,
suivant les conditions réglées par les statuts.

Le capital constitué progressivement par les sociétés de
consommation et de crédit trouve son emploi dans les *sociétés de production*. Leur objet, c'est la transformation des
matières premières en produits fabriqués. Leur but est de
réaliser pour les associés les bénéfices du patron ou de l'entrepreneur. Ainsi, chaque travailleur associé est intéressé
à la vente des produits, puisque, indépendamment du prix
qui représente le salaire, il a droit à une part de dividende
proportionnelle au travail qu'il a fourni.

L'association coopérative présente des avantages qui
nous paraissent incontestables : *avantages moraux, avantages matériels, avantages sociaux.* Quelqu'un a dit que les
Pionniers de Rochdale ont trouvé le moyen de moraliser par
l'épicerie. C'est, en effet, un des résultats de leur société
de consommation. A côté du *workhouse* où règne le travail forcé avec toutes ses douleurs, les travailleurs libres
ouvrent un magasin d'épicerie ; et, au-dessus du magasin,
il y a un local occupé par une bibliothèque de bons livres,
une salle de lecture où l'on fait des cours. Tout cela est
organisé avec le produit des bénéfices sociaux. La société
de production donne à l'ouvrier le goût de l'épargne et
l'encourage à s'instruire pour qu'il se rende capable de
remplir les fonctions de gérant. La société de crédit favorise
aussi les habitudes d'ordre, d'économie. Elle ne prête à
l'ouvrier qu'en vue de son travail, afin qu'il puisse le rendre
plus productif. Enfin, quoi de plus moral que le crédit
personnel qui n'exige de l'emprunteur d'autre garantie que

son honnêteté, sa probité, certifiées par deux de ses coas-sociés?

Intéresser l'ouvrier à son travail, en lui faisant partager les bénéfices et en lui *donnant* aussi sa part de responsabilité en cas de perte, c'est lui donner un puissant stimulant pour bien faire. L'industrie ne pourra qu'y gagner; car la différence est grande entre le travail de l'ouvrier qui n'aspire qu'à voir arriver la fin de la journée pour toucher son salaire, et celui de l'ouvrier qui regarde au-delà, qui pense au lendemain, qui veut une bonne fabrication, parce qu'il a quelque profit à retirer ou quelque perte à redouter dans la vente des produits.

La société de consommation, en régularisant les rapports de la production et de la consommation, peut rendre de grands services à l'agriculture. On constate, en effet, aujourd'hui, d'un côté, l'avilissement des prix pour les produits agricoles; de l'autre, l'extrême cherté des denrées alimentaires pour le consommateur. L'équilibre pourra être rétabli au moyen des sociétés de consommation; de telle sorte que le consommateur, délivré des intermédiaires parasites, profitera de l'abondance de la production, et que le producteur ressentira l'influence de l'accroissement dans le prix des denrées de consommation. Le consommateur qui viendra au magasin chercher des fournitures y trouvera des denrées de bonne qualité. Il n'aura pas à craindre la fraude; il pourra acheter en toute sécurité.

Enfin, je trouve aussi dans l'association coopérative des avantages sociaux; ce ne sont pas les moins importants. Il ne faut pas considérer seulement le bien matériel et moral de l'ouvrier, mais aussi le bien général de la société. « L'as-« sociation libre, volontaire, fondée sur la mutualité, est, « contre les erreurs et les périls du socialisme, le plus sûr

« et le plus généreux des remèdes (1). » Est-il besoin de dire, en effet, que leur point de départ est diamétralement opposé ?

Le socialisme veut la suppression de l'individu ; il veut l'anéantissement de la liberté et de la propriété confisquées au profit de la communauté, de l'état. L'association coopérative veut tout devoir à l'initiative individuelle ; elle ne veut rien devoir à l'Etat que la liberté d'agir, de se former sans entraves, liberté qui, nous le croyons, doit être restreinte par certaines garanties dans l'intérêt des tiers. L'un étouffe l'individu ; l'autre l'aide à se développer, en lui offrant un refuge contre l'envahissement toujours croissant des grandes compagnies industrielles. Celui qui entre dans une société coopérative donne à ses économies l'emploi qui lui paraît le meilleur ; mais il n'aliène en aucune façon sa liberté, grâce à ce principe, d'après lequel l'association à *personnel mobile*, à capital *variable*, doit rester *ouverte* à ceux qui veulent entrer comme à ceux qui veulent sortir. Mais en quoi, se demande-t-on, les résultats de l'association coopérative sont-ils directement utiles à l'ordre social ? On a déjà répondu souvent à cette question. — Le petit artisan qui vit au jour le jour, qui n'a pour tout bien que son salaire, regarde d'un œil d'envie le propriétaire qui a du bien au soleil, le capitaliste qui a des rentes. Eh bien ! il ne tient qu'à lui désormais de devenir aussi un petit capitaliste, au moyen de l'épargne et du travail fécondés par l'association. Ce résultat obtenu, qu'arrivera-t-il ? C'est qu'aux mauvais jours, au lieu d'encourager l'émeute, il cherchera à l'apaiser. C'est qu'au lieu de jouer le rôle de

---

(1) *Les Sociétés de coopération*, par Casimir Perier.

démolisseur, il sera conservateur par principe et travaillera dans son propre intérêt au maintien de l'ordre établi.

Comme toute institution humaine, si l'association coopérative a ses avantages, elle a aussi ses dangers. Si, une fois établie, elle aplanit bien des obstacles, que d'obstacles n'y a-t-il pas à son établissement! Voyons quels sont ces dangers, quels sont ces obstacles, et s'il est possible de se préserver des uns, de surmonter les autres.

L'abus suit souvent de trop près l'usage. Une idée bonne et utile en elle-même peut devenir nuisible quand on veut en exagérer l'application. — Ceux qui viennent, à propos d'associations coopératives, nous parler d'abolition du salariat, de suppression complète des intermédiaires, et qui veulent rayer à tout jamais les noms de chefs et de patrons, tombent dans l'utopie et se font de dangereuses illusions.

Qu'est-ce que le salaire? C'est le prix payé en échange d'un service rendu; c'est la récompense du travail. Lorsqu'on vient nous dire qu'on veut émanciper le travail, qu'entend-on par là? On veut faire du salaire un instrument de servage, on veut lui attribuer un caractère servile; rien n'est plus faux. Depuis que « la corvée a été « remplacée par le travail libre, depuis que le travail ré- « muneré a succédé au travail imposé, » il ne peut plus être question d'affranchissement. Le salaire est une forme de rémunération souvent bien plus sûre que des bénéfices éventuels. Le salariat n'est pas un régime particulier aux ouvriers; c'est un régime général qui s'applique à tous les genres de travail. L'antagonisme qu'on s'efforce d'établir entre le salaire et l'association est tout-à-fait chimérique. En réalité, l'un est le corollaire de l'autre. Tout produit à créer implique en effet le concours de trois éléments qui sont: le capital, l'intelligence et le travail ma-

7

nuel. Or, il arrive ordinairement que la vente des produits n'a pas lieu immédiatement ou bien qu'elle se fait à crédit, ou au-dessous du prix, ou encore il peut arriver que les produits ne se vendent pas. Quelle sera alors la condition faite aux divers agents de la production que nous supposons associés ? Les uns peuvent supporter les risques ; les autres ne le peuvent pas. Les uns peuvent attendre ; les autres ne le peuvent pas. Ainsi, autant d'associés, autant de formes différentes de rémunération. Pour ceux qui ne peuvent pas attendre, c'est-à-dire pour ceux qui ont fourni le travail manuel, la rémunération sera le salaire. Donc, le salariat, qui suppose un *forfait* ou contrat tacite passé entre le travailleur et le capitaliste, est un mode d'association entre le capital et le travail. Voilà ce que disent tous les économistes.

Quels sont les avantages du salaire ? Il y en a trois qui consistent : 1° à dispenser le travailleur de participer avec son intelligence à la direction du travail ; 2° à le soustraire aux risques de l'opération ; 3° à le faire payer avant la vente des produits. Or, aujourd'hui, plusieurs salariés se réunissent et se disent entre eux : Nous consentons à renoncer aux avantages du salaire, mais nous voulons tous être intéressés à l'entreprise ; nous consentons à prendre chacun notre part de responsabilité ; mais nous voulons aussi chacun prendre une part dans les bénéfices. Le salaire sera-t-il supprimé pour cela ?

Nous ne voulons pas revenir sur une question qui a divisé deux économistes éminents (1). Mais nous croyons

(1) Bastiat et Rossi. Voir la *Première leçon sur les sociétés coopératives*, par M. H Rozy, professeur à la Faculté de Toulouse.

que le salaire doit garder sa place dans toutes les industries
et que l'association n'est pour les travailleurs qu'un moyen
de faire fructifier le salaire, de le faire participer aux prérogatives du capital. Il faut, par conséquent, se défier de la
formule : *plus de salaire et de salariés : rien que des associés*. C'est un rêve.

J'en dirai autant de la prétention de secouer le joug des
chefs et des patrons. Que le chef s'appelle patron, directeur
ou gérant, peu importe ; ce ne sont que des nuances. Ce
qui importe, c'est qu'il y ait dans les sociétés coopératives,
surtout dans les sociétés de production, cette unité de
direction, cette harmonie, cet esprit de suite, nécessaires
pour le succès de toute opération industrielle. Du reste, la
plupart des sociétés qui viennent de se fonder, l'ont compris ; car elles se sont donné des gérants. Mais ce que plusieurs n'ont peut-être pas assez compris, c'est que le gérant
doit trouver dans sa position des avantages sérieux et
capables de stimuler vivement son activité. Le gérant
qui fournit à la société son intelligence pour diriger les
opérations a droit à une rétribution plus forte que les autres associés qui ne fournissent que leur travail. Il doit
avoir dans les bénéfices une part proportionnelle à l'importance de ses services.

On a parlé beaucoup de supprimer les intermédiaires.
C'est encore une formule trop absolue, et c'est en général
le danger des formules. S'il y a des intermédiaires nuisibles, il y en a aussi qui sont utiles au commerce, qui
sont nécessaires aux progrès de l'industrie. C'est sur un des
principes élémentaires de la science économique, la division
du travail, que repose l'existence des courtiers et des com-
missionnaires, et vouloir les supprimer, c'est presque vouloir la ruine du commerce. L'association coopérative ne

fera donc tomber que les intermédiaires parasites; mais elle doit laisser et elle laissera subsister les intermédiaires auxquels elle sera peut-être quelquefois elle-même obligée d'avoir recours.

Ici commencent les objections. La société coopérative de consommation, dit-on, doit se borner à délivrer le consommateur des intermédiaires nuisibles et retenir pour lui les profits que ceux-ci prélèvent à ses dépens. Mais il existe déjà un remède qui vaut mieux que la coopération. Ce remède, c'est la concurrence. Nous répondons d'abord que ce remède n'existe pas partout en dehors des grands centres, des grandes villes. Il peut arriver, par exemple, que près d'une usine qui occupe un nombre considérable d'ouvriers ceux-ci soient privés de la concurrence, et qu'ils aient à souffrir tous les inconvénients des marchands de détail, tous les abus des intermédiaires. Alors ils formeront entre eux une société de consommation; ce sera leur salut. Quand l'association coopérative n'aurait pas d'autre utilité, ce serait bien quelque chose. Mais nous croyons qu'il ne faut pas se borner là.

« La concurrence, en effet, dit M. Casimir Perier, ne réussit pas toujours à abaisser le prix des denrées alimentaires. Elle peut réduire les bénéfices des vendeurs sans profiter aux consommateurs. La multiplicité des boutiques de débit et la division de la clientèle qui en est la conséquence, augmentent les charges du commerce de détail et les frais généraux. Il peut donc arriver, lorsque chacun vend moins, que tous se trouvent dans l'impossibilité de vendre moins cher, et il arrive trop souvent que des commerçants peu scrupuleux cherchent une compensation illicite, soit dans l'infériorité des denrées, soit même dans la fraude. » Ainsi la concurrence est loin d'être toujours un remède efficace, et ce n'est pas un argument sérieux contre l'association coopérative. Ceux-là même qui en font une objection reconnaissent que dans les grandes villes, où la concurrence s'exerce activement, il sera toujours utile d'organiser à titre d'expédients des magasins spéciaux à l'usage d'ouvriers ayant les mêmes besoins et occupés de la même entreprise. C'est ce qu'a fait à Paris la compagnie du chemin de fer d'Orléans.

On présente encore d'autres objections contre la société de consommation. On se demande comment elle pourra réserver aux associés le bénéfice que prélève le marchand de détail en supportant comme lui les risques et les frais pour lesquels celui-ci exige une rémunération. Mais puisqu'en supportant ces frais et ces risques, le marchand de détail trouve son profit dans la vente, en écartant même toute idée de fraude et de gain illicite, je ne comprends pas, je l'avoue, pourquoi la société n'y trouverait pas le sien. Enfin, et en supposant que les sociétés de consommation s'établissent et prospèrent, n'est-ce pas nécessairement aux dépens du commerce de détail? Ne seront-elles pas la ruine des petits marchands? Que le commerce ne s'épouvante pas. Il y a là certainement pour lui une concurrence légitime mais non dangereuse. Comme l'a démontré un savant économiste, grand partisan du mouvement coopératif (1), le commerce est nécessaire, et rien ne peut le remplacer. Il y aura toujours des épiciers et des maisons de commission à côté des magasins de coopération. La concurrence

---

(1) M. Jules Simon. V. son article sur les sociétés coopératives (*Revue des deux Mondes*, du 1ᵉʳ janvier 1866.)

et l'émulation existeront toujours, et la société de consommation n'est qu'une forme légitime de la concurrence.

Les sociétés de crédit (car on s'est attaqué aux trois principaux types de la coopération) ont provoqué aussi de
nombreuses récriminations.

Le crédit, dit-on, est dangereux pour l'ouvrier, qui est
toujours disposé à en abuser. Il faudrait qu'il ne pût emprunter que jusqu'à concurrence du montant de son apport.
Or, d'après la plupart des statuts, il peut emprunter le
double de sa mise. Il est vrai qu'on exige des garanties ;
mais ces garanties seront bien souvent illusoires. Du reste,
l'épargne et la prévoyance bien mieux que l'emprunt peuvent lutter contre les chômages. Les caisses d'épargne, de
retraite pour la vieillesse, les sociétés de secours mutuels
sont plus utiles pour l'ouvrier que les sociétés de crédit.

Ceci pourrait être vrai dans une certaine mesure pour les
ouvriers des usines et des grands ateliers. Mais il est une
catégorie d'ouvriers pour lesquels on ne niera pas les
avantages du crédit. Ce sont ceux qui travaillent isolément
ou par petits groupes et qu'on désigne plus spécialement
sous le nom d'*artisans*. Ils ont tout à la fois à acheter les
matières premières et à vendre les produits fabriqués. Ce
sont de véritables commerçants.

Ils n'ont pas de rémunération immédiate de leur travail ;
et cependant ils ont besoin d'avances pour attendre. Leur
emprunt sera garanti par la valeur des matières premières
et le futur prix de vente. Ce ne sont ni les caisses d'épargne
ni les institutions de prévoyance qui pourront remplacer
pour eux les sociétés de crédit.

La société de production, qui est le type le plus
parfait de l'association coopérative, est aussi celle qui
a été l'objet des plus vives attaques. Que de difficultés

n'y a-t-il pas pour arriver à la former ! Et une fois née
comment pourra-t-elle prospérer ? Pour naître, il lui faut
des capitaux, et des capitaux considérables si on veut l'appliquer à la grande industrie.

Ce n'est pas à l'aide des petites cotisations mensuelles ou
hebdomadaires fournies par les ouvriers, qu'on réalisera
les fonds nécessaires pour se procurer des machines et tout
le matériel que comporte l'établissement d'une grande
usine. C'est là, en effet, une difficulté; mais les sociétés
de consommation et de crédit offrent le moyen de la résoudre, car elles précèdent tout naturellement la société de
production et lui servent de marchepied. Il est vrai que
l'argument subsiste avec toute sa force quand il s'agit d'une
association de production qui n'a pas de précédent, pas
d'appui. La plupart de celles qui existent aujourd'hui en
France sont nées isolément, et pourtant quelques-unes
ont, à force de persévérance, triomphé de cet obstacle (1).
Mais une fois ce premier obstacle vaincu, tout n'est pas fait.
Les sociétés de consommation et de crédit ont une clientèle
toute faite par cela seul qu'elles existent, puisque les
clients sont les associés eux-mêmes. Les associations de
production ont besoin de s'en faire une, de chercher des
débouchés, de lutter contre la concurrence. Il faut pour
cela trouver un gérant, non-seulement intelligent et habile,

---

(1) Pendant que les ouvriers anglais et allemands, les uns par esprit
pratique, les autres par méthode et par raisonnement, se constituaient
des capitaux par la consommation et le crédit avant de se lancer dans la
production, les ouvriers français, avec la promptitude d'intelligence, mais
aussi avec l'impatience qui les caractérise, voulaient atteindre le but du
premier coup, sans s'y être préparés. Aussi leur marche a-t-elle été plus
difficile et moins sûre.

mais expérimenté. Il faut un talent d'administrateur qui se rencontrera rarement chez des ouvriers. La solution du problème dépend donc du choix des gérants, de l'importance qu'on attache à leurs services, de l'autorité dont ils sont revêtus.

Une autre objection s'élève relativement au gérant. Ou bien il n'est pas assez rémunéré, et alors il n'aura ni le même zèle ni la même ardeur qu'un patron: l'association en souffrira; ou bien il est rémunéré convenablement, c'est-à-dire qu'il prélève dans les bénéfices une part à peu près égale à celle qu'aurait prélevée le patron, et alors l'association n'offrira plus aux ouvriers aucun avantage.

Est-il donc impossible de sortir de ce dilemme? Non. D'abord le gérant, tout en ayant une rémunération suffisante et des appointements proportionnels au chiffre d'affaires de l'association, aura le plus souvent une part moindre que celle du patron. Par conséquent les associés y gagneront toujours. Mais à supposer même que le gérant dût prélever sur les bénéfices une part égale à celle du patron, il y aurait encore une immense différence entre le travail de l'ouvrier qui n'a rien à prétendre aux bénéfices du patron, et celui de l'associé qui sait que les bénéfices seront en proportion de la qualité et de la quantité des produits. Dans ce dernier cas, l'intérêt personnel de l'ouvrier est en jeu; cela suffit pour doubler son activité et ses forces. Ainsi, quoi qu'il en soit, les avantages de l'association sont incontestables pour les ouvriers.

Mais, dit-on, si l'association de production est avantageuse pour les ouvriers, elle nuira à la consommation en empêchant les prix de baisser; car les ouvriers associés travaillant pour eux ne consentiront jamais à s'imposer les mêmes sacrifices que le patron leur impose lorsqu'ils travaillent pour lui. Si cela était, ce qui pourrait encore être contesté, qu'en résulterait-il? C'est que la société, ne pouvant produire au même prix que les autres ateliers, ne résisterait pas longtemps à la concurrence. Ce ne serait donc pas pour le public, pour les consommateurs, que serait le danger, mais pour l'association elle-même. Assurément, nous n'essaierons pas de dissimuler les dangers de la société de production et les objections qu'elle soulève. Toute société qui est une société de personnes aura plus de peine à prospérer qu'une société de capitaux. Il faut parmi ceux qui s'associent une entente, une harmonie, une intelligence souvent très-difficiles à rencontrer. Enfin, et c'est là une des plus graves objections, l'ouvrier, qui dans les sociétés de consommation et de crédit ne risque qu'une modeste cotisation et conserve intacte la majeure partie de son salaire, l'engage tout entier dans les sociétés de production. C'est par conséquent sa subsistance et celle de sa famille qui peuvent être compromises en même temps que la société elle-même, par la moindre crise commerciale. Ainsi la faillite, qui, dans l'organisation actuelle de la production, affecte plutôt le capital que le salaire, frappera à la fois dans l'association coopérative le capital et le salaire confondus dans le même désastre. Il n'y a là, il est vrai, qu'une conséquence juste et nécessaire de la nouvelle condition faite au travail. *Ubi emolumentum ibi et onus.* Nous ne voulons pas contester qu'il soit digne de participer aux prérogatives du capital, mais est-il capable de supporter les mêmes pertes? Voilà ce que l'avenir nous apprendra. En attendant, nous reconnaissons, avec les partisans éclairés de la coopération, qu'il ne faut pas entraver les sociétés de production, mais qu'il ne faut pas s'efforcer de les faire naître et de les propager.

D'ailleurs, si l'association de production est d'une application très-difficile aux ouvriers de la grande industrie, elle aura plus de chance de succès pour les *artisans* qui travaillent isolément ou par groupes, comme les ébénistes à Paris. On conçoit qu'un groupe de ces ouvriers, se connaissant et ayant les mêmes intérêts, s'associe pour diminuer les frais d'achat des matières premières et les frais de la vente des produits.

Pour résumer ces quelques observations sur les sociétés de production, nous ne pouvons mieux faire que de citer un passage de l'exposé des motifs du premier projet de loi présenté au Conseil d'Etat au mois de février 1865 : « Les sociétés de production ont pour but d'augmenter la rémunération du travail.. Mais, qu'on y songe bien, si le bénéfice est plus considérable, le salaire est plus incertain ; et, au lieu d'avoir des dividendes à partager, les sociétés de production pourront avoir des pertes à répartir. Ceux qui les forment ne sauraient apporter trop de prudence dans leurs calculs ; s'ils n'y font pas entrer sérieusement l'éventualité de l'absence des bénéfices et même celle de la survenance des pertes, ils s'exposent aux plus cruelles déceptions. »

« Aujourd'hui, il y a, dit M. Charles Gaumont (1), deux « exagérations à craindre de la part de ceux qui s'occupent « des sociétés coopératives. Les uns se laissent éblouir par « les millions des Pionniers de Rochdale ; les autres, au « contraire, redoutent de voir le monopole industriel passer « aux mains des coopérateurs. » Des obstacles de plus d'un genre éloignent toute appréhension de monopole. Quant aux millions de Rochdale, peu de sociétés en France

(1) V. le *Salut public* du 29 décembre 1865.

sont en mesure d'y prétendre. Pour nous, s'il nous est permis de conclure, nous croyons, dans une certaine mesure, au développement des sociétés coopératives et aux services qu'elles peuvent rendre, à la condition qu'il ne viendra pas se mêler à ce mouvement des ambitions malsaines, des doctrines anti-économiques et anti-sociales qui aboutiraient à un naufrage inévitable. Défions-nous donc de ces formules : *Plus d'intermédiaires, plus de salaires, plus de patrons*. Que les ouvriers soient intéressés à l'opération, qu'ils prennent part aux bénéfices, rien de mieux ; mais que cette opération soit dirigée par un gérant capable, intelligent. Enfin que l'association, qui est un remède proposé à l'ouvrier pour rendre sa condition meilleure, ne devienne pas une forme absorbante pour l'industrie.

CHAPITRE III.

Des sociétés coopératives sous la législation actuelle.

Quelque restreints que soient les avantages de l'association coopérative, quelque bornée que paraisse son utilité, il faut qu'elle puisse se former sous l'empire de nos
lois ; il faut qu'elle puisse vivre et se développer. Cela est-il
possible aujourd'hui ? Le droit commun suffit-il ? Les
cadres rigoureusement tracés par nos codes s'adaptent-ils
à cette forme nouvelle de société? Un éminent jurisconsulte (1) écrivait, il y a quelques années, que l'association
avait été pratiquée de tout temps, et qu'il n'y avait pas
besoin d'inventer des principes nouveaux pour réglementer des faits économiques qui n'étaient pas nouveaux. Assurément, nous ne pouvons pas nier que les sociétés coopératives n'aient trouvé le moyen de naître en se conformant
pour la plupart aux dispositions du Code de commerce ou
du Code civil. Les faits sont là ; ils nous en fournissent
une preuve irrécusable. Mais ne voyons-nous pas aussi

_____

(1) M. Troplong. Préface du *Traité des Sociétés.*

quelques-unes de ces sociétés, désespérant de se mouvoir dans le cercle étroit d'une législation possible , mais gênante, s'en écarter sur plus d'un point et vivre plutôt sous le régime de la tolérance que sous celui de la légalité? L'étude à laquelle nous allons nous livrer nous montrera qu'il y a incontestablement des facilités à accorder, des entraves à supprimer. Examinons donc d'abord sur quelles bases repose la constitution des sociétés coopératives. Nous rechercherons ensuite si la qualification et la forme de *société civile* peuvent convenir à toutes indistinctement, si elles peuvent s'accommoder des différents types de *sociétés commerciales*, et quel est celui qu'il nous paraît préférable d'adopter.

En prenant dans leur ensemble les faits que nous avons décrits, nous trouvons trois caractères distinctifs, trois éléments essentiels, dans l'association coopérative :

1° Il faut que *le travail* y entre comme *associé*. L'ouvrier qui fournit son travail et qui complète sa cotisation au moyen des retenues faites sur son salaire doit toucher une part de dividende proportionnelle à la part assignée au capitaliste qui n'a fourni que son capital. En un mot, il faut que la répartition des bénéfices entre l'apport capital et l'apport travail puisse se faire proportionnellement à la valeur de chacun. L'homme qui travaille est assimilé à un capital, et les salaires qu'il gagne aux intérêts de ce capital. Ainsi, un ouvrier gagnant 1,500 fr. par an vaudra, par exemple, 30,000 fr. C'est sur ces bases que peut avoir lieu la répartition du produit entre l'homme capital et l'homme travail. Du reste, peu importe le mode de répartition, ceci est réglé par les statuts. Le principe, c'est que le travail doit avoir une part dans les bénéfices.

2° Un second principe, qui découle du premier, c'est que le capital est essentiellement variable. Il faut qu'il puisse augmenter ou diminuer sans trop de frais. « Ce n'est « ni l'objet de la société, ni la possession actuelle des « fonds qui peuvent servir à déterminer la somme à la- « quelle s'élèvera le capital social ; car on se réserve pré- « cisément de donner plus d'extension aux affaires à me- « sure qu'on pourra avoir plus de capitaux à sa disposition. « Ce n'est pas en raison de l'argent qu'on possède ou qu'on « est sûr de recevoir à une époque déterminée que l'on « s'engage. On compte sur les prélèvements que l'on fera « sur le produit de son travail ; on se promet à soi-même « et l'on promet à ses cointéressés d'être économe et de « verser dans la caisse sociale le montant de ses économo- « mies. Le capital social doit donc être mobile, comme le « sont les éléments dont il doit être formé (1). »

3° Les associations coopératives doivent toujours rester *ouvertes* pour l'entrée comme pour la sortie. Elles com- mencent très-modestement parfois et ne s'accroissent que peu à peu en hommes et en capitaux. Ce n'est pas à dire pour cela qu'elles doivent être accessibles à tous ceux qui veulent en faire partie. « Utile dans les sociétés de con- « sommation, le choix mûrement réfléchi des nouveaux « associés devient une règle indispensable dans les sociétés « de crédit mutuel et doit être observé plus rigoureusement « encore dans les sociétés de production. » Mais comme un des buts de l'association est de venir au secours des tra- vailleurs, le petit artisan dépourvu de capital et n'ayant que

---

(1) *Exposé des motifs du premier projet de loi,* p. 74.

son salaire pour vivre doit toujours y trouver accès. C'est pourquoi le chiffre des cotisations est ordinairement très-minime et l'on s'efforce de faciliter autant que possible les versements. S'il faut ouvrir la porte aux nouveaux associés qui veulent entrer, il ne faut pas la fermer à ceux qui veulent sortir. « La nature même des associations coopératives, « la situation plus ou moins précaire de ceux qui les com- « posent exigent qu'une certaine latitude soit laissée à la « volonté de chacun. » Donner aux ouvriers la faculté de se retirer de la société quand ils le jugent convenable est une des dispositions les meilleures qu'on puisse insérer dans les statuts. L'associé sera donc libre pour l'avenir en retirant son apport; mais il ne pourra se soustraire aux obligations qu'il a contractées en qualité d'associé.

Personnel mobile, capital variable et participation du travail dans la répartition des bénéfices : voilà, en résumé, les trois signes distinctifs de l'association coopérative.

---

§ I.

La qualification et la forme de société civile conviennent-elles indistinctement à toutes les sociétés coopératives ?

Dans l'introduction aux modèles de statuts publiés par l'*Association*, on trouve énoncée la proposition suivante : « Les associations coopératives sont des sociétés commer- « ciales. » Nous ne nous inclinons en aucune façon devant cette décision, qui nous paraît beaucoup trop absolue et assez mal motivée. Un autre système a été soutenu dernière-rement avec une érudition et une habileté qui, cependant, ne nous ont pas tout-à-fait convaincu (1). Il a pour but de démontrer que le cadre des sociétés civiles est le seul qui puisse s'adapter à l'organisation des sociétés coopératives sous l'empire de la législation actuelle. — Il s'agissait d'abord de prouver que les trois principaux types d'associations coopératives peuvent être considérés comme sociétés civiles et ne comportent pas nécessairement le caractère commercial. C'est ce que nous allons examiner après le savant professeur, qui nous permettra de n'être pas toujours de son avis sur cette importante question.

La distinction entre les sociétés civiles et les sociétés commerciales n'est pas toujours facile à établir. La doctrine et la jurisprudence, il faut bien l'avouer, présentent là-dessus de singulières contradictions. Cependant on convient assez généralement aujourd'hui que le caractère commercial ou civil d'une société dépend de la nature des actes auxquels elle a pour but de se livrer. Ainsi est commerciale toute société dont le but est de faire certaines opérations et certains actes que l'art. 632 et 633 du code de commerce qualifient d'actes de commerce. Il est vrai que, même avec ce *criterium*, il n'est pas toujours facile d'arriver à une détermination précise. Certains actes peuvent laisser du doute sur leur nature réelle, et ce doute se réfléchit nécessairement sur le caractère de la société qui a pour but de les accomplir. C'est alors dans l'usage, dans la doctrine, dans la jurisprudence, qu'il convient de puiser les éléments de solution.

On peut se demander pourquoi l'achat d'immeubles pour

---

(1) V. *Le Code Napoléon et les Sociétés coopératives du Dauphiné*, par M. Boissonade.

les revendre n'est pas rangé dans la catégorie des actes de commerce, pourquoi la société formée en vue de l'exploitation d'une mine est considérée par la loi comme une société civile. Ce sont là, il faut bien le dire, des décisions quelque peu arbitraires. Il résulte aussi de certains arrêts qui sont venus confirmer en cela la doctrine de plusieurs auteurs, que des sociétés non commerciales par le fait, le deviennent par la qualité de leur fondateur ou par la destination de l'objet qu'elles se proposent. Que déciderons-nous à l'égard des associations coopératives?

Nous avons dit que les trois types les plus fréquents ne sont pas les seuls et qu'il ne faut pas fermer la porte aux combinaisons nouvelles. Rigoureusement, il est vrai, toutes les opérations peuvent se ramener au crédit, à la consommation ou à la production. Ainsi, les sociétés agricoles connues sous le nom de *fromageries* sont des sociétés de production, puisqu'elles ont pour objet la transformation des matières premières en produits fabriqués. Cependant, ces sortes d'associations ont un caractère tout particulier. Elles ont une origine fort ancienne et sont régies, pour la plupart, par des usages qui ne sont pas toujours en harmonie avec le droit commun. Il est donc assez difficile de les définir. On est allé jusqu'à contester que ce soient de véritables sociétés. En effet, dit-on, l'art 1832 (Cod. Nap.), indique deux éléments essentiels à l'existence d'une société : la mise en commun d'une chose et la poursuite d'un bénéfice partageable. Or, dans l'association fromagère, il n'y a ni mise en commun, ni poursuite d'un bénéfice partageable. Car, d'après les statuts dont nous avons parlé plus haut, le lait n'est pas mis en commun. On tient compte à chaque propriétaire de ce qu'il apporte à la fromagerie. Chaque fromage se fait pour l'un des associés en particu-

8

lier, et ainsi est aux risques, non pas de la société, mais de celui pour qui il est fait. Par conséquent, la vente ne se faisant pas au nom de la société, mais au nom de chacun des propriétaires, il n'y a pas non plus de bénéfice commun (1).

L'argument ne me paraît pas difficile à réfuter : le lait n'est pas mis en commun, c'est possible ; mais ce qui est mis en commun, c'est la propriété ou la jouissance du châlet acheté ou loué par l'association ; c'est l'industrie du fromager ; ce sont les ustensiles. Quant au bénéfice commun, il ne faut pas le chercher dans la propriété indivise des fromages ni dans le prix de la vente qu'on en fait. Mais je le trouve dans la faculté accordée à chaque associé de faire son fromage au châlet, de se servir des ustensiles, de l'industrie du fromager, et surtout d'employer à la fabrication le lait de ses coassociés. Cette faculté commune à tous se répartit entre chacun d'eux, suivant l'importance de son apport. La définition de l'art. 1832 s'applique donc parfaitement à l'association fromagère. D'ailleurs, on peut bien dire qu'il y a une sorte de mise en commun du lait fourni par les associés ; car, lorsque l'apport du sociétaire, au nom duquel on inscrit le fromage, n'est pas suffisant, on le complète avec le lait de ses coassociés. De plus, il résulte de certains statuts que le fromager est autorisé à vendre, chaque jour, une quantité plus ou moins considérable de litres de lait au nom de la société. Le lait fait donc partie du capital social, capital essentiellement variable, puisqu'il dépend du nombre des propriétaires, ou, pour mieux dire, du nombre des vaches qui font partie de l'association.

---

(1) V. Munier, *Manuel des fromageries*, p. 84.

La mort d'un associé ne dissont pas la société ; elle continue avec les associés survivants et avec les représentants de l'associé décédé. On a la faculté de se retirer à la fin de chaque saison. Il y a donc à la fois personnel mobile et capital variable. Quant au travail représenté par le fromager qui n'apporte rien que son industrie, quelle est la condition qui lui est faite ? « Tantôt la commission qui traite avec le fromager avant son entrée en fonctions lui promet une rétribution fixe, tantôt elle lui promet *un intérêt proportionnel au produit.* » Dans ce dernier cas, qui est le plus fréquent, le travail se trouve avoir une part dans les bénéfices.

Ainsi, *capital variable, personnel mobile, participation du travail aux bénéfices :* voilà les trois caractères de la coopération que nous retrouvons dans les associations fromagères. Nous avons démontré que ce sont de véritables sociétés, en second lieu que ce sont des sociétés coopératives. Reste à savoir si nous devons les ranger parmi les sociétés commerciales ou si, au contraire, ce sont des sociétés civiles.

L'objet même des associations fromagères exclut toute idée de spéculation commerciale. Il est impossible, en effet, d'admettre un seul instant que des propriétaires qui s'associent pour tirer parti de leur bétail et pour en vendre les produits fassent un acte de commerce. C'est ce qu'a décidé un arrêt de la cour de Lyon du 22 novembre 1850. « Attendu qu'en livrant ainsi le produit ou partie du produit « de son bétail pour en tirer souvent le seul avantage « qu'il puisse en espérer, et en vendant ensuite les fromages qui sont le résultat de la fabrication à laquelle il a « contribué, chaque associé ne fait qu'user de sa propriété « et ne peut être considéré, dès lors, que comme un pro-

« priétaire vendant les denrées provenant de son crû ; que
« pour être faite par plusieurs, la fabrication n'a pas un autre
« caractère que si elle était faite par un seul ; qu'il en est de
« même des ventes des fromages fabriqués faites par la com-
« mission que le asssociés ont instituée ; que cette commis-
« sion, qui agit comme leur mandataire, ne vend, en leur
« nom, comme ils le feraient eux-mêmes, que le revenu ou
« les denrées provenant du crû de tous, etc... (1). » Là
n'est pas la difficulté. Mais lorsqu'on admet un principe, il
faut admettre aussi les conséquences qui en découlent. Or,
si les associations fromagères sont des sociétés civiles, il en
résulte qu'elles sont régies par les dispositions du code
Napoléon au titre des sociétés. Il faut donc les faire plier
aux exigences de la loi et proscrire de sanciens usages tout
ce qui s'écarte du droit commun.

Il est assez curieux d'étudier à ce sujet les variations de
la jurisprudence. La cour de Besançon, dans le ressort de
laquelle se trouvent toutes les associations fromagères du
Jura, a eu souvent à se prononcer là-dessus. Dans un arrêt
du 28 décembre 1842, elle décide que ce sont des associations *sui generis* fondées sur la nécessité et sur un usage
immémorial; qu'elles sont régies par des règles particulières
et placées en dehors du droit commun. Ainsi, d'après le
droit commun, l'admission d'un nouveau membre est facultative pour les associés. L'arrêt de 1842, se fondant sur
d'anciens usages, paraît décider que l'association ne peut
pas fermer sa porte à un cultivateur de la localité qui demande à y entrer. « Attendu qu'il est certain que les as-
« sociations formées pour établir des fromageries dans les
« montagnes remontent aux époques les plus reculées et

---

(1) Dans le même sens, V. Troplong, *Sociétés*, n° 322.

« doivent s'y perpétuer d'une manière indéfinie, puisque la
« conversion du lait en fromage y est le seul mode possible
« d'exploitation des terres, surtout des pâturages qui s'y ren-
« contrent en grand nombre ; que ces sociétés sont donc fon-
« dées sur la nécessité et sur un usage immémorial ; qu'elles
« dérivent *de la force des choses*, ont leurs règles particu-
« lières, etc ; que ces caractères qui leur sont propres doi-
« vent les soustraire à l'application des dispositions du droit
« commun ; que l'existence des associations fromagères cons-
« stitue pour les habitants des montagnes une faculté per-
« manente de faire recevoir le lait de leurs vaches dans l'en-
« droit destiné à la fabrication des fromages, etc. ; attendu
« que c'est donc à tort et sans droit que le lait des vaches
« de l'intimé n'a pas été admis à la fromagerie ; par ces
« motifs, réforme, etc. »

Trois ans après, la Cour de Besançon rendait un arrêt
opposé. Par cet arrêt, en date du 23 avril 1845, elle décidait « que les fromageries constituent des sociétés civiles,
« régies par les dispositions du droit commun ; que par suite
« l'existence et les conditions de ces sociétés doivent être
« constatées par écrit (art. 1834, C. N.), et qu'un individu ne
« peut, pas plus qu'en matière de société ordinaire, préten-
« dre au droit d'en faire partie sans avoir le consentement
« de tous les autres associés. » — En 1851, dans la même
année, la Cour a rendu deux arrêts en sens contraire. Le
premier, à la date du 8 janvier, s'en rapporte aux anciens
usages ; le second, du 22 mai, décide : « qu'il doit être
dressé acte de la constitution de ces sociétés lorsque leur
objet est au-dessus de 150 fr. (art. 1834). Et de plus, il nie
l'existence de tous usages contraires, et ajoute qu'en supposant leur existence, le code les a abrogés. » Cette décision menaçait un grand nombre de sociétés fromagères ne

reposant que sur des usages dont la légalité était contestée; mais la Cour n'a pas persisté. Elle a rendu depuis deux arrêts, l'un du 25 mars 1857, l'autre du 11 janvier 1862, qui consacrent la validité des associations fromagères fondées sur les anciens usages, « et repoussent, tant que sub-« siste dans le même chalet la fabrication des fromages, « les demandes en partage du matériel et des ustensiles « formées par des associés qui se retirent de la société. » Tel est le dernier état de la jurisprudence sur les associations fromagères.

Ce respect pour les anciennes coutumes est assez difficile à justifier en dehors des matières commerciales. L'art. 1873 (C. N.), qui consacre la validité des usages relativement au commerce, ne peut pas s'appliquer ici; aussi les arrêts de la Cour de Besançon ne sont motivés qu'en fait, car il nous paraît impossible de soutenir en droit que des sociétés purement *civiles* aient le singulier privilége de conserver, dans leurs statuts, des dispositions contraires à la loi, sous prétexte qu'elles s'appuient sur d'anciens usages.

Bien d'autres questions intéressantes ont été soulevées à propos des associations fromagères. Il résulte de leurs statuts qu'une commission spéciale est chargée de la vente des fromages. A défaut d'administrateurs désignés pour cette vente, chaque associé peut-il la faire? Un jugement du tribunal de Pontarlier (1) l'a décidé ainsi par application de l'art. 1859 (C. N.). On a fait observer avec raison que le mandat réciproque d'administrer dont parle l'art. 1859 ne s'applique qu'aux choses sociales. Or, les fromages étant chacun la propriété exclusive de celui au nom duquel on les

---

(1) Loiseau. *Traité des fromageries*, p. 47.

fait, ne peuvent être considérés comme chose sociale. Par conséquent, la vente faite dans ces conditions est la vente de la chose d'autrui, qui peut bien donner lieu à des dommages et intérêts prononcés contre le vendeur au profit de l'acheteur, mais qui ne peut être validée à raison d'un prétendu mandat tacite.

On a créé des sociétés coopératives en vue de construire des logements pour les ouvriers. Doit-on les considérer comme des sociétés civiles? Contracter l'obligation de construire une maison, une église, un théâtre, ce n'est pas faire acte de commerce. L'association dont cette obligation devient la matière, ne constitue donc qu'une société civile (1). Dans un arrêt du 31 janvier 1834, la Cour de Pau n'a pas hésité à déclarer que la société contractée entre un tailleur de pierre et un charpentier pour construire une église est purement civile. Elle considère, en effet, que de simples ouvriers ne sont ni commerçants, ni marchands. Quant à l'achat et à la revente des matériaux nécessaires à la bâtisse, en admettant que ces matériaux puissent être assimilés aux denrées et marchandises (art. 632, Cod. de comm.), ce n'est un acte de commerce qu'autant qu'il est l'objet principal de la spéculation et non un moyen accessoire (2).

« L'opinion contraire, dit M. Bédarride, mènerait à cette « singulière conséquence : que l'opération serait civile si « celui qui l'a entreprise pouvait y pourvoir par ses propres « moyens; commerciale si, n'en possédant que peu ou·

_____

(1) Cass., 30 avril 1822; Paris, 20 août 1841 ; Angers, 5 février 1842.
(2) En ce sens, Bédarride, *Des Sociétés*, tom. 1, nos 107 et 108. *Contra*, Pardessus, tom. 1, no 36.

« point, il était obligé d'en demander à d'autres... Le non-
« commerçant qui se charge de bâtir pour autrui ne fait
« pas autre chose que s'il le faisait pour lui-même ; donc,
« ce qui n'est pas commercial dans ce cas ne saurait le
« devenir dans l'autre. » Du reste, lorsque des ouvriers
s'associent pour se loger sainement et à bon marché, ce
n'est pas en vue de construire pour d'autres : c'est pour
eux. Il n'y a pas là de spéculation commerciale, et lors
même que des marchands ou commerçants entreraient dans
l'association, elle ne perdrait pas pour cela le caractère de
société civile. C'est donc avec raison, que la société *coopérative immobilière* de Paris s'est formée comme société
civile (1). Nous en dirons autant de la société des cités
ouvrières de Mulhouse qui, avec une organisation et un but
différents (2), est aussi une société civile. L'une et l'autre,
par leur constitution, rentrent dans la classe des sociétés de
crédit.

Il y a, nous l'avons vu, deux sortes de sociétés de crédit
mutuel. Les unes, formées entre plusieurs ouvriers réunis
par petits groupes, ont pour but de fournir aux emprunts
des sociétaires et de réunir, s'il se peut, les fonds nécessaires pour créer des sociétés de consommation et de production. Les autres, comme la société du *crédit au travail*,
ont pour but de soutenir les sociétés coopératives déjà existantes.

---

(1) V. les détails que nous avons donnés plus haut sur l'organisation
de cette société.

(2) La société de Mulhouse a pour but de transformer les associés en
propriétaires de maisons destinées chacune à un seul ménage. Elle s'interdit tout bénéfice et livre ses maisons au prix coûtant (Voir le *Crédit
populaire*, par M. Batbie).

Les sociétés de *crédit mutuel* prises isolément et en elles-
mêmes, sont des sociétés purement civiles. « Une société
« ne prêtant qu'à ses membres ou escomptant leurs billets,
« dit M. Boissonade, est une véritable *banque fraternelle*
« qui ne tombera pas plus sous la loi commerciale que le
« prêt que nous faisons à un ami. » — Mais la société de
crédit qui a pour but de commanditer des sociétés de consommation ou de production sera-t-elle aussi une société
civile? Oui, si l'on considère ces sortes d'entreprises comme
civiles. Non, si on leur attribue un caractère commercial.
Ceci nous amène tout naturellement à examiner la nature
des opérations qui font l'objet des sociétés de consommation
et de production.

Il ne peut être question ici des *associations alimentaires*
qui, comme celle de Grenoble, ont plutôt le caractère d'une
œuvre de bienfaisance que celui d'une véritable *société*, en
prenant le mot dans son sens juridique. Mais que déciderons-nous à l'égard des *magasins de consommation*? Y a-t-il
lieu de faire une distinction entre ceux qui vendent au public et ceux qui ne vendent qu'aux seuls associés? — Ces
derniers sont, au reste, fort peu nombreux; peut-être même
n'en trouverait-on plus aujourd'hui, et cela pour une raison
très-simple : c'est que pour prospérer, et même pour subsister, les sociétés de consommation ont besoin de ne pas se
borner à approvisionner les sociétaires. « Exclure le public
« aurait pour contre-coup d'attacher par des liens trop
« étroits le sociétaire à son magasin. L'association se pri-
« verait d'un puissant moyen de propagande... Restreinte
« aux seuls associés, la vente, et par conséquent les béné-
« fices, seraient moindres; car, surtout dans *le commerce*
« *qu'ont pour objet* les sociétés de consommation, les gains

« ne proviennent pas du haut prix des objets , mais de la
« multiplicité des ventes (1). »

    « Il faut, dit M. Jules Simon, faire part à tous les acqué-
« reurs des bénéfices et ne pas réserver les dividendes aux
« seuls associés.... La vente au public avec participation
« immédiate des nouveaux associés aux bénéfices de la
« vente , est un excellent moyen de propagande qui dis-
« pense de tous les autres. La société qui ne vend qu'à ses
« associés ne fera pas de bénéfices et ne sera pas sûre du
« lendemain (2). » Tous ceux qui s'occupent aujourd'hui
des sociétés coopératives s'accordent sur ce point, bien
qu'en principe la vente au public ne soit pas dans l'essence de la coopération. Mais supposons un magasin de
consommation (et il en a existé, s'il n'en existe plus maintenant) qui borne ses opérations aux seuls sociétaires, quel
caractère devrons-nous lui attribuer?

    L'art. (632) commence ainsi : « La loi répute acte de
commerce, *tout achat de denrées et marchandises pour les
revendre*, soit en nature, soit après les avoir travaillées et
mises en œuvre.... » Donc, en principe la société qui
achète pour *revendre* des denrées ou marchandises, fait
un acte de commerce. Mais parce que le nombre des consommateurs sera plus ou moins restreint, parce que la société ne vend qu'à ceux qui en font partie, n'y a-t-il plus
là de spéculation commerciale? Et s'il est vrai que le nombre
des associés est illimité, peut-on dire que le magasin de la
société ne soit qu'un *comptoir* ou *bureau de distribution*?

---

(1) Introduction aux modèles de statuts publiés par le journal *l'Association*, p. 20

(2) V. la *Revue des deux Mondes*, du 1er janvier.

Voilà ce qui me paraît difficile à admettre, en présence de la disposition formelle de l'art. 632. Cependant, c'est dans ce sens que s'est prononcé le conseil d'état dans un arrêt en date du 6 août 1863. Cet arrêt réforme une décision du conseil de préfecture de la Charente-Inférieure, relativement à une demande en décharge de la contribution des patentes, formée par la société de consommation de Rochefort. — Mais il est important de se rendre bien compte de l'espèce sur laquelle il a statué. Voici quelle est en résumé la doctrine qui ressort de la décision du conseil d'état : « Ne peut être assujettie à la patente (comme marchands épiciers notamment) une société qui n'a pour but que de faire profiter les sociétaires des avantages résultant des achats de denrées en gros, alors d'ailleurs que les fonctions de ses administrateurs sont gratuites, *que les opérations de la société ne font que couvrir ses frais*, et que les sociétaires seuls ont le droit de s'approvisionner dans son magasin au moyen de bons dont la vente est interdite. » Comme les documents que nous fournit la jurisprudence sont rares en ces matières, nous ne croyons pas inutile de rappeler ici les motifs de l'arrêt : « Attendu qu'aux termes « de ses statuts, ladite société a pour but de procurer à ceux « qui en font partie, au meilleur marché possible, les divers « objets de consommation et d'alimentation nécessaires aux « besoins de la famille, et qu'elle ne fait aucune opération « de commerce ou d'industrie ; — attendu que la *Société* « *alimentaire* de Rochefort n'a pour but que de faire pro- « fiter les sociétaires des avantages que procurent les achats « des denrées en gros ; — que les fonctions de ses admi- « nistrateurs sont essentiellement gratuites ; — que les so- « ciétaires seuls ont le droit de s'approvisionner dans le « magasin de la société ; — que les denrées sont cédées au-

« prix coûtant, *augmenté seulement dans la proportion*
« *reconnue nécessaire pour couvrir les frais généraux, sans*
« *bénéfice pour la société* ; — que, dans ces circonstances,
« ladite société ne saurait être considérée comme exerçant
« un commerce ou une industrie, et que c'est à tort que le
« conseil de préfecture l'a maintenue à la contribution des
patentes, etc.... »

Il s'agissait donc d'une société qui, non-seulement ne
vendait pas à d'autres qu'aux associés, mais qui était admi-
nistrée gratuitement et qui n'avait d'autre but que de couvrir ses frais sans avoir de dividende à offrir. Ce sont bien
là les caractères d'une institution philanthropique plutôt que
ceux d'une société intéressée, à plus forte raison d'une
société commerciale. On comprend donc jusqu'à un certain
point les motifs de la décision du conseil d'état, relativement à la *société alimentaire* de Rochefort ; mais la plupart des sociétés qui se sont formées n'ont pas la même
organisation. Celles mêmes qui ne vendent qu'aux associés
(et elles sont rares) ne sont pas administrées gratuitement,
et, indépendamment des avantages qui résultent pour les
associés des rapports directs établis entre le consommateur
et le producteur, la société réalise des bénéfices qu'elle
leur distribue à chacun, en proportion de leurs apports
et de leurs achats. Or, comment qualifierons-nous l'opération qui consiste à acheter en gros pour revendre au détail
des denrées de consommation, non pas au prix coûtant,
mais à un prix qui permet à la société de distribuer des
dividendes aux consommateurs ? La considération que ces
consommateurs font partie de la société suffit-elle pour
écarter l'idée de spéculation commerciale ? Il y a deux personnes bien distinctes : la société qui achète en son nom
comme personne morale, et l'associé auquel elle vend, en

retenant la différence entre le prix d'*achat* et le prix de *revient*, qui, avec les cotisations, sert à constituer le capital social. On ne peut donc pas dire qu'il y ait ici une simple distribution. Mais, sur ce terrain, la discussion ne peut avoir aujourd'hui qu'un intérêt purement doctrinal ; car toutes les sociétés de consommation sont persuadées de la nécessité de vendre au public, afin d'avoir une clientèle assez nombreuse pour les faire vivre. Or, ce qui nous paraît tout au moins très-contestable dans la première hypothèse, l'est encore bien davantage dans la seconde.

Un système très-ingénieux et développé avec beaucoup d'art, a été proposé pour éluder ici l'application de l'article 632 (Cod. de com.). Il faut supposer démontrée la proposition suivante : « Toute société coopérative de consommation qui ne vend qu'aux associés est une société civile. » En partant de ce principe, il s'agit de résoudre le problème que voici : faire de tous les acheteurs des associés. — La chose est facile : on donnera à chaque acheteur qui se présentera un livret de *consommateur associé*, et on lui demandera de s'engager à acheter *habituellement* au magasin les denrées dont il a besoin ; de plus, on lui fera payer un léger droit d'entrée. Moyennant ce, il fera partie de la société, et on pourra dire qu'elle ne vend qu'à ses membres.

Eh bien, je crois qu'on perdra ainsi les avantages qui résultent de la vente au public. Il y a, en effet, un grand intérêt pour la société à vendre à tous les consommateurs sans conditions. Celui qui vient de temps en temps acheter des denrées qu'il sait être de bonne qualité, reculera devant l'idée de s'engager à se fournir habituellement au magasin. On nous dit que cet engagement ne peut le compromettre en aucune façon ; qu'il a tout à gagner et rien à perdre, et que, s'il ne le comprend pas, mieux vaut pour la société ne pas l'avoir dans son sein. — Tout engagement, quel qu'il soit, produit la méfiance et la crainte, et a pour effet d'éloigner du magasin, non-seulement les acheteurs dépourvus d'intelligence, mais même aussi des acheteurs très-intelligents qui, sans voir de dangers là où il n'y en a pas, ne veulent pas s'associer. Ceux-là, il est vrai, ne sont pas à regretter comme associés, mais ils sont à regretter comme acheteurs.

Enfin, on se demande quelle est la singulière condition qui est faite aux associés-consommateurs. Il est de principe, en matière de société, que tout associé doit prendre une part quelconque dans les bénéfices comme dans les pertes. Cela résulte de l'art. 1855 (Cod. Nap,). Or, de deux choses l'une : ou l'acheteur auquel on donne le livret ne participera qu'aux bénéfices et sera affranchi de toute responsabilité, c'est ce qu'on lui promet en le faisant entrer dans la société ; mais alors ce ne sera pas un véritable *associé;* ou bien, il contribuera pour une part plus ou moins forte aux pertes, et alors il sera fort à craindre que la clientèle du magasin de consommation ne compte pas beaucoup de consommateurs-associés. — On nous répondra peut-être qu'ils perdront leur *apport*. En quoi consiste donc cet apport ? — Dans l'excédant du prix de *revente* par la société sur le prix de *revient*. Nous savons, en effet, que la société qui vend ordinairement au prix de commerce retient pour elle les profits que prélève le marchand de détail et les distribue ensuite comme dividende aux consommateurs. — Mais ceci peut-il être considéré comme un apport ? Et, dans le cas où ce gain (car c'en est un pour le consommateur) lui fera défaut, peut-on dire qu'il a contribué aux pertes de la société qui n'a pu réussir à couvrir ses frais ?

Je ne crois pas qu'il soit possible d'admettre une pareille solution sans forcer l'interprétation de la loi. — En résumé, les caractères de la société civile me paraissent inconciliables avec le but et l'organisation des sociétés coopératives de consommation. Et, jusqu'à ce qu'une loi nouvelle en ait décidé autrement, je m'en tiens aux termes de l'art. 632 du Code de commerce.

Ce que nous venons de dire des sociétés de consommation paraît devoir s'appliquer, à plus forte raison, aux sociétés de production. Il est évident que plusieurs artisans qui s'associent pour travailler ensemble et partager entre eux les produits de leur travail ne font pas un acte de commerce. Aussi la Cour de Bordeaux a-t-elle pu décider, dans un arrêt du 28 juin 1836, qu'une société entre *arrimeurs*, dont l'objet est de mettre en commun le produit de leur travail et de le répartir suivant un mode convenu, est une société civile. — Mais ce n'est pas en cela seulement que consistent les sociétés coopératives de production. — Achat des matières premières, fabrication et revente des produits manufacturés, voilà des opérations qu'il est impossible de qualifier autrement que d'opérations commerciales. Ici, bien plus encore que pour les sociétés de consommation, la vente au public est indispensable. On a fait pourtant une hypothèse dans laquelle les associés fourniront une clientèle assez nombreuse pour permettre à la société de se passer du public. Cette hypothèse n'est pas irréalisable ; mais elle ne s'est pas encore réalisée, du moins en France. On suppose qu'au moyen d'une société-mère de crédit, on parviendra à grouper plusieurs sociétés de consommation autour d'une société de production ; de telle sorte, que les associés consommateurs offriront un débouché aux objets fabriqués par les associés producteurs.

Alors, dit-on, les opérations n'ayant plus besoin de s'étendre en dehors des coopérateurs, il ne sera plus question d'entreprise commerciale.

Ou bien les produits seront livrés à la société de consommation qui les achètera comme société pour les revendre à ses associés et au public ; ou bien, chaque associé consommateur viendra acheter pour son propre compte à la société de production. Dans les deux cas, il y aura achat des matières premières et revente des produits ; peu importe que les opérations se bornent à une clientèle restreinte et privilégiée, elles n'en auront pas moins le caractère de spéculation commerciale, et il faudra bien en revenir encore à l'application de l'art. 632, c'est-à-dire au droit commun.

Nous avons examiné les principaux types de l'association coopérative. Il résulte de cet examen que, suivant nous, la forme de société civile convient, sauf les difficultés de détail, à certaines associations, comme les *sociétés fromagères*, celles qui ont pour objet la construction des maisons, et enfin aux sociétés de *crédit mutuel* prises isolément, lorsqu'elles ne prêtent qu'à leurs membres ou lorsqu'elles ont pour but de commanditer d'autres sociétés civiles. Mais nous trouvons dans les sociétés coopératives *de consommation* et dans les sociétés *de production* qui ont pour objet l'achat des matières premières et la vente des produits manufacturés le caractère de sociétés commerciales.

Voyons si les sociétés coopératives qui, par leur but et leur constitution, excluent toute idée de spéculation commerciale, peuvent se mouvoir aisément dans le cadre tracé par le Code Napoléon pour les sociétés civiles.

Il n'est pas douteux que les sociétés coopératives civiles dont nous parlons ne soient de véritables sociétés, ayant en vue des bénéfices réels, conformément à la définition de l'art. 1832 (Cod. Nap.). — La discussion ne peut s'élever sur ce point ; mais il en est d'autres qui présentent quelques difficultés. La loi a-t-elle prévu , par exemple , le personnel mobile et le capital variable, ces deux caractères distinctifs de l'association coopérative ?

L'art. 1865 place au nombre des causes qui mettent fin à la société, la mort de l'un des associés. Il est vrai que l'art. 1868 reconnaît qu'on peut déroger à cette disposition et stipuler la continuation de la société avec les héritiers de l'associé décédé et les associés survivants. Mais alors l'exception deviendra la règle, et il faudra, lorsqu'il s'agira d'associations coopératives, effacer l'art. 1865, dont l'application mettrait chaque jour en question leur existence. Du reste, indépendamment de la mort, il peut y avoir d'autres causes qui modifient le personnel : c'est, d'un côté, la retraite des anciens membres ; de l'autre, l'admission de nouveaux associés. De plus, il faut que le capital social puisse être augmenté ou diminué. Or, il peut bien être augmenté avec le consentement de tous les associés ; mais il ne peut être diminué pendant la durée de la société. Il y a, il est vrai, une société civile qui comporte des variations dans le capital. C'est la société *universelle* de tous les biens ou de tous les gains ; mais tel n'est pas le caractère des associations coopératives. La loi suppose donc implicitement qu'au moment où une société se forme , le nombre des associés et le chiffre du capital sont déterminés. Ce qui me confirme dans cette opinion, c'est qu'en matière de société civile, la publicité n'est pas exigée comme en matière de société commerciale. Or, lorsqu'on admet le personnel mobile et le capital variable, la publicité est nécessaire , dans l'intérêt des tiers et dans l'intérêt de la société.

9

Une autre difficulté s'élève relativement à l'évaluation de l'apport *travail* et à la condition qui lui est faite dans la société civile par l'article 1853. Et d'abord, en ce qui concerne le mot. *industrie*, je crois que c'est à tort qu'on a proposé dans un des nombreux projets de loi publiés sur cette matière, de le remplacer par le mot *travail. Industrie* est une expression très-large et qui suffit parfaitement à nos besoins actuels (1). Mais l'article 1853, en cas de silence de l'acte de société, établit une présomption qui est loin d'être favorable au travailleur. Il règle « sa part dans les bénéfices « et dans les pertes, comme si sa mise eût été égale à celle « de l'associé *qui a le moins apporté.* » Est-ce là une disposition applicable aux associations coopératives ? Je prétends que le plus souvent, non-seulement elle sera gènante, mais elle sera inapplicable. En effet, dans toutes ou presque toutes les associations coopératives, chaque associé apporte son industrie et une petite cotisation qui représente une part de capital. Or, l'article 1853 suppose nécessairement la présence de plusieurs associés qui n'ont apporté que de l'argent. C'est là ce qui sert de point de comparaison. Mais lorsque chaque associé apporte avec son industrie un capital quelconque, il faudra nécessairement estimer chaque mise en particulier (2). Ainsi, dans ce cas, qui est le plus fréquent, même en présence du silence des parties, on ne pourra pas admettre la présomption de l'art. 1853. Il est vrai que, pour les cas où il est applicable, on a toujours la faculté d'y déroger dans l'acte de société. Et si

---

(1) V. l'amendement proposé par **M.** Audiganne à la société d'économie charitable dans la séance du 27 février 1866. (V. *le Contemporain*, du 30 avril 1866).

(2) Dalloz, *Rép. de jur.*, nᵒˢ 400-401.

l'associé pense que la valeur de l'industrie qu'il apporte est supérieure à celle que la loi lui assigne, c'est à lui à en faire admettre la juste évaluation au moment où la société se forme. Reste toujours la difficulté qu'il y a à faire l'évaluation d'un apport *successif* comme l'industrie ou le travail.

Enfin, il y a pour les sociétés coopératives un inconvénient inhérent au caractère de société civile. Si la société civile forme un être moral comme la société commerciale (1), il ne faut pas en conclure qu'il n'y ait aucune différence entre elles quand il s'agit d'ester en justice, et qu'il suffise également à la validité des actions dirigées dans l'intérêt de l'une ou de l'autre de ces sociétés d'être intentées au nom du gérant. L'article 69 (Cod. de proc.), 6° ne parle, en effet, que des sociétés commerciales. Il n'y a donc pas de raison d'éluder l'application de l'art. 64 (proc.), qui est le droit commun, dès le moment que l'art. 69, qui est l'exception, ne parle pas des sociétés civiles. Aussi, la Cour de cassation décide que les assignations données au nom du gérant d'une société civile sont nulles (2). « Peut-« être, dit l'exposé des motifs, les sociétés de coopération, « qui ont le caractère de sociétés civiles, n'ont-elles pas « encore eu l'occasion de se présenter devant la justice « pour la défense de leurs intérêts. Il faut désirer qu'il en « soit longtemps ainsi ; mais en formant ce vœu, on peut « craindre qu'il ne se réalise pas. Alors les sociétés civiles

---

(1) **C'est** un point admis aujourd'hui par la jurisprudence (v. les articles 529, 1845 et 1846, Cod. Nap.).

(2) Cass., **8 nov. 1836 et 26 mai 1841** (Sirey, tom. 36-1-844 et 41-4-484. *Sic*, Delangle, **Des sociétés commerciales**, tom. 1, n° 48. *Contra*, Duvergier.

« se trouveraient en présence de la jurisprudence qui leur
« refuse le droit d'ester en justice par leurs administrateurs
« et qui exige que tous les membres de l'association figu-
« rent personnellement dans l'instance (1). »

Les entraves que nous venons de signaler méritent de
fixer l'attention du législateur. Mais ce ne sont pas des
obstacles insurmontables pour les sociétés coopératives qui
veulent vivre aujourd'hui comme sociétés civiles sous notre
régime légal. Il est inutile d'ajouter qu'en leur qualité de
personnes morales et juridiques, elles ont un actif et un
passif. L'actif provient des souscriptions individuelles, des
promesses de cotisations, des apports en travail ou en industrie. Le *passif* « consiste principalement dans les pro-
« messes de commandite aux sociétés secondaires, dans
« les emprunts et les frais généraux. » Quant à la division
du capital en actions, rien ne s'y oppose dans les sociétés
civiles. La société pourra donc émettre, soit des titres nominatifs, soit des titres au porteur, et aucune des restrictions apportées à la faculté d'émettre des titres au porteur
dans certaines sociétés commerciales ne devra s'appliquer
à la société civile constituée en société par actions (2). Toutefois, il sera plus prudent d'admettre seulement des titres
nominatifs dont le transfert n'aura lieu qu'avec l'approbation de l'assemblée générale.

Enfin, relativement à la responsabilité des associés et
des gérants à l'égard des tiers, il n'y a rien d'obligatoire.

---

(1) Exposé des motifs du premier projet de loi sur les sociétés, p. 78.
— La nécessité d'assigner chacun des membres de la société sera une
augmentation de frais considérable.

(2) Les lois de 1856 et de 1863 qui fixent le minimum des actions à
100 fr. ne sont pas applicables aux sociétés civiles.

Les parties peuvent la régler comme elles l'entendront dans les statuts de la société. Ce n'est qu'à défaut de conventions particulières que l'article 1853 établit une responsabilité légale. Il décide que chaque associé est tenu d'une part de dette proportionnelle à sa mise. Mais on pourra toujours convenir que les associés ne seront pas responsables au-delà de leur mise. Il s'agit ici de la *contribution* définitive entre associés. Quant à l'*obligation* aux dettes, elle est réglée d'une manière restrictive par l'art. 1863. L'associé industriel ou le travailleur pourra ne contribuer aux pertes qu'en sacrifiant tout ou partie de la rémunération de son travail représentée par sa part dans les bénéfices. Mais si on lui garantit une part fixe de salaire, il sera par là même affranchi de toute perte. Le contrat dégénérera en louage d'industrie sous condition aléatoire à l'égard de l'associé industriel, qui ne sera plus en réalité qu'un commis intéressé dans les bénéfices (1).

§ II.

Les associations coopératives peuvent-elles se conformer aux dispositions qui régissent les sociétés commerciales? — Quel est le type qu'il est préférable d'adopter?

Nous avons essayé de démontrer que le caractère de société civile est incompatible avec l'organisation de certaines sociétés coopératives, comme les sociétés de consommation et de production. Les sociétés de crédit elles-mêmes peuvent trouver certains avantages à adopter la forme commerciale. Encore faut-il qu'elles puissent s'accommoder des règles du Code de commerce.

---

(1) Bédarride, *Sociétés*, tom. 1, n° 37.

L'auteur d'un récent travail (1) sur les sociétés fait re-
marquer avec raison que la législation ancienne était sous
certains rapports plus libérale et plus accommodante que la
législation actuelle. La *compagnie par actions* n'était pas
réglementée; elle était soumise, il est vrai, à l'autorisation
du gouvernement. Mais « le code particulier de chaque
« société se trouvait dans l'édit qui l'autorisait, ce qui
« procurait tout au moins l'avantage de laisser la porte
« ouverte à toutes les combinaisons. » Le caractère de la
commandite fut longtemps très-indécis. La société *générale*,
dont on a fait aujourd'hui la société en nom collectif, était
la seule qui fût nettement déterminée. Le législateur de
1807 a fait un travail de classification; il a tracé un cercle
dans lequel il a enfermé les principaux types de sociétés
commerciales. Mais il arrive un moment où il faut nécessairement l'élargir pour donner accès aux combinaisons
nouvelles. La loi de 1863 a créé dans ce but un nouveau
type : celui de la société à responsabilité limitée. A peine
cette loi a-t-elle été promulguée que l'on se demande déjà
s'il ne sera pas nécessaire d'ouvrir la porte aux sociétés
coopératives. Cette porte n'est-elle pas déjà ouverte? Suffi-
ra-t-il de l'agrandir? C'est la question que nous nous po-
sons en ce moment.

Nous ne parlerons pas de l'*association en participation*,
création très-indécise de l'ancienne législation et passée
avec cette indécision dans notre code de commerce. Son
objet étant restreint à une ou plusieurs opérations déter-

---

(1) *Projet de loi sur les sociétés civiles et commerciales*, par MM. Vavasseur et E. Jay (v. la *Revue pratique de droit français*, n⁰ˢ des 1ᵉʳ et
15 novembre 1865).

minées, il ne peut en être question pour les sociétés coopératives. Cette association, en effet, qui n'a pas de personnalité juridique, a toujours pour objet une entreprise particulière, comme une forêt à exploiter, une fourniture à faire en bestiaux, une maison à construire, etc... L'opération terminée, la société est dissoute (1).

La *société anonyme* est celle dans laquelle tous les associés sont inconnus du public et n'engagent que leur mise. Le principal caractère de la société anonyme, il ne faut pas l'oublier, est d'être par excellence une association de capitaux, et elle ne peut être constituée qu'avec l'autorisation du gouvernement. Ce sont deux motifs pour les sociétés coopératives de repousser la forme *anonyme*.

Les sociétés coopératives sont, en effet, pour la plupart des associations de personnes. Les sociétés de production surtout sont formées *intuitu personæ*. La composition homogène du groupe de travailleurs qui se réunissent est pour elles une condition de succès. On ne peut donc les assimiler en aucune façon aux grandes compagnies où le choix des associés n'entre pour rien et où l'argent est tout ou presque tout.

Les sociétés de *crédit mutuel* fondées sur le principe du *crédit personnel* sont aussi très-intéressées au choix de leurs membres. Quant aux sociétés de *consommation*, ce seraient celles où le choix des associés aurait le moins d'importance.

Mais il reste toujours un obstacle qu'on a peut-être un peu exagéré, qui pourtant suffit pour arrêter l'essor des sociétés coopératives : c'est l'autorisation du gouvernement.

---

(1) Pardessus, t. 4, n° 1046, Bravard, p. 73, Molinier, t. 1er, n° 564.

Cette formalité imposée par l'art. 37 du Code de commerce ne laisse pas que d'être gênante ; car chacun sait qu'on ne va pas facilement au conseil d'état et qu'on ne peut solliciter à chaque instant sa haute approbation. Toutefois comme la *société anonyme*, au début, n'était réservée qu'aux grandes entreprises d'intérêt général, le contrôle de l'Etat sur la constitution même du pacte social par l'approbation des statuts, sur la marche des opérations par l'entremise d'un commissaire spécial, était une garantie offerte aux tiers et aux associés. On a reconnu, cependant, qu'il était possible, moyennant certaines précautions de se passer d'un contrôle trop souvent illusoire, qui rendait le gouvernement responsable sans grand profit pour lui ni pour les tiers. La création des sociétés à responsabilité limitée a été le premier pas fait dans cette voie.

Aujourd'hui, le projet de loi du gouvernement généralise l'anonymat et le rend entièrement libre (1). « Les sociétés « anonymes, est-il dit dans l'exposé des motifs, désormais « dispensées de l'autorisation, ne seront plus soumises à la « surveillance administrative. Ce ne doit être l'objet ni « d'inquiétudes, ni de regrets. La surveillance ne pouvait « être très-efficace quel que fût le zèle des fonctionnaires « qui en étaient chargés ; et il est extrêmement facile pour « les associés comme pour les tiers d'y suppléer. » Mais comme cette mesure n'est qu'à l'état de projet et que nous sommes encore régis maintenant par l'art. 37 du Code du commerce, nous devons conclure que le type de la société anonyme ne peut convenir aux sociétés coopératives.

La *société en nom collectif* est celle que contractent deux

---

(1) V. l'art. 13 du projet de loi sur les sociétés,

ou plusieurs personnes solidairement responsables, pour
faire le commerce sous une raison sociale. La société en
nom collectif a plus qu'aucune autre l'avantage d'associer
les personnes. Elle est la société par excellence, car elle
implique l'union des personnes et des fortunes sans restriction ni réserve de responsabilité. Tous les associés peuvent exercer l'administration. Mais ce qui fait le caractère
distinctif de cette société, c'est la solidarité qui pèse sur
tous ses membres au profit des créanciers sociaux. Il ne
s'agit pas ici de la solidarité passive d'associé à associé, mais
de la solidarité active à l'égard des tiers. La solidarité est
un principe parfaitement conforme à la morale, à l'équité,
au droit qui font de la responsabilité la compagne naturelle
de la liberté d'action. On dit que les sociétés coopératives
de crédit fondées en Allemagne par M. Schulze Délitsch ont
prospéré en adoptant cette règle, qui est sans nul doute la
meilleure et la plus solide de toutes les garanties pour les
tiers. Mais il n'en est pas moins vrai qu'elle est aussi un
épouvantail pour ceux qui veulent faire partie de la
société.

« Cependant la société en nom collectif serait acceptable
« pour les associations de production composées d'un petit
« nombre d'ouvriers, attendu que le contrôle des associés
« les uns par les autres se fait encore assez aisément. »

Les avantages que présente cette forme de société
pour les coopérateurs sont donc: d'abord, d'être une
société de personnes; en second lieu, de faciliter l'introduction de l'apport-*travail*, puisque la loi n'exige pas
pour elle, comme pour la commandite, qu'on mentionne
dans l'extrait de l'acte social le montant des valeurs fournies.
L'extrait ne doit contenir, en effet, que les noms, prénoms
et qualités des associés, la raison sociale, la désignation des

gérants, et enfin l'époque où la société doit commencer et celle où elle doit finir. Dans les sociétés en nom collectif, le public n'a aucun intérêt à savoir quel est le capital social et dans quelles proportions chaque associé est tenu d'y contribuer. La responsabilité indéfinie que chaque associé encourt l'oblige sur sa fortune tout entière qui devient le gage des créanciers de la société. C'est donc cette fortune qu'il importe de connaître. Or, pour faciliter cette connaissance, la loi prescrit la publication des noms, prénoms, qualités et demeures des associés. Ainsi on n'a pas l'embarras d'évaluer l'apport-*travail* et d'en fixer l'estimation (1).

Mais à côté des avantages, il y a des inconvénients qu'il ne faut pas se dissimuler. Indépendamment de la solidarité, qui est à la fois un avantage en ce qu'elle rassure les tiers et un danger en ce qu'elle effraie les associés, je trouve une gêne sérieuse dans les formalités de publicité dont j'aurai à parler à propos de la commandite (2), et dans les frais très-onéreux que comporte le paiement d'une patente par chaque associé (3). Enfin, la société en nom collectif étant une société formée *intuitu personæ* se dissout par la mort d'un des associés. Il est vrai qu'en vertu de l'article 1863 du Code Napoléon, qui s'applique aux sociétés commerciales

---

(1) V. l'art. 43 C. de com.

(2) Ces formalités sont les mêmes pour les deux formes de société, sauf la différence qui résulte de la mention dans l'extrait de l'acte social des valeurs fournies

(3) Il faut reconnaître cependant l'adoucissement apporté par la loi du 18 mai 1850 qui réduit la patente pour les associés ouvriers au vingtième du droit payé par l'associé principal, en vertu de la loi du 25 avril 1844.

aussi bien qu'aux sociétés civiles, on peut déroger à cette régle par une clause spéciale insérée dans les statuts. Mais qu'est-ce qu'une règle à laquelle il faudra toujours déroger ?

J'arrive aux *sociétés en commandite simple* dont la forme a paru prévaloir dans les sociétés coopératives nouvellement formées. Qu'est-ce que la commandite ? C'est la société qui se forme entre un ou plusieurs associés responsables et solidaires et un ou plusieurs bailleurs de fonds tenus jusqu'à concurrence de leur mise seulement.

Il y a donc dans la société en commandite, société de personnes d'abord et de capitaux ensuite. Elle réunit à la responsabilité indéfinie de ceux qui agissent la responsabilité limitée de ceux qui fournissent simplement des fractions du capital en s'abstenant de tout acte de gestion. Il peut y avoir plusieurs gérants. Ils sont alors associés en nom collectif, c'est-à-dire qu'ils sont seuls à exposer leur fortune pour couvrir le montant des dettes contractées par la société au delà de la commandite (1). Ils sont nommés par l'assemblée générale des associés et toujours révocables par elle. Un conseil de surveillance choisi par l'assemblée dans son sein contrôle leurs opérations. Les gérants sont comme associés tenus au même apport que les simples commanditaires; ils ne sont pas obligés comme les administrateurs de la société à responsabilité limitée de posséder 1/20 du capital social.

Quels sont, au point de vue des sociétés coopératives, les avantages que représente la commandite ? Il y en a trois principaux. D'abord, cette société n'a pas besoin de l'auto-

---

(1) Art. 23-24 et 26 Cod. de com.

risation du gouvernement comme la société anonyme. Mais c'est un avantage qui lui est commun avec la société en nom collectif et la société à responsabilité limitée. En second lieu, au point de vue de la responsabilité imposée aux associés commanditaires, elle a un avantage incontestable sur la société en nom collectif en ce qu'ils n'engagent que leur mise. Il est vrai que les gérants sont solidairement responsables. Mais cela paraît juste : à beaucoup de pouvoir, grande responsabilité.

Enfin, le troisième avantage de la société en commandite consiste dans les facilités de versement qu'elle offre aux associés. Il ne faut pas, en effet, confondre l'*apport* avec les *versements*. Ainsi en supposant qu'une exploitation florissante demande 100,000 fr. et vingt associés, nous n'entendons pas que les associés ne commenceront que lorsqu'ils seront vingt et qu'il auront recueilli 100,000 fr. « Ils commenceront, s'ils le peuvent, à quatre ou cinq avec « quelques centaines de francs *versés* ; mais le montant de « leur *apport* indique le but qu'ils veulent atteindre, l'éten- « due de la responsabilité qu'ils assument, la part du capital « social qui sera versée par chaque associé, lorsque la société « sera pleinement épanouie (1). »

On peut donc s'engager à apporter 5,000 fr. par fractions de 1 fr., de 25 cent. par mois. Pour les ouvriers qui ont peu ou point d'avances, les facilités de versements par petites sommes, par cotisations, ou, comme cela se fait dans la plupart des sociétés de production, par retenues sur les salaires, sont inappréciables.

---

(1) V. l'introduction aux modèles de statuts du journal l'*Association*, p. 25.

Ainsi, dispense d'autorisation de l'État, responsabilité des associés limitée à leur mise, et, enfin, facilités de versements : voilà les trois motifs qui ont fait préférer la commandite simple pour les sociétés coopératives. Est-ce à dire que sous ce régime elles ne rencontrent dans la loi aucune difficulté ? Nous n'aurons pas de peine à démontrer le contraire.

La société en nom collectif permet au travail de figurer comme apport social. Mais l'art. 43 et l'art. 46 qui prescrivent la publicité pour elle comme pour la commandite, semblent exclure le personnel mobile et le capital variable de l'association coopérative. Il faut donc se demander d'abord si le *travail* peut être considéré comme un apport de commandite responsable dans la limite de ses bénéfices. Eh bien ! je prétends que, non seulement les règles de la commandite ne comportent pas le personnel mobile et le capital variable, mais encore qu'elles s'opposent à l'application de ce principe fondamental de la coopération, à savoir : la participation du travail aux bénéfices et aux pertes. Nous arriverons ainsi à conclure que, sous ce rapport, la société en nom collectif est plus favorable aux coopérateurs.

L'article 43, qui énumère les diverses mentions que doit contenir l'extrait de l'acte de société, exige, entre autres, qu'on mentionne « le montant des valeurs fournies et à « fournir par actions ou en commandite. »

Cet alinéa s'applique donc exclusivement aux sociétés en commandite (1). Or, c'est une pierre d'achoppement contre laquelle viennent se briser tous les efforts des jurisconsul-

---

(1) M. Rozy nous permettra à ce propos de lui signaler une petite erreur qui s'est glissée dans sa remarquable étude sur les sociétés coopératives. La publication du *montant des valeurs fournies* n'est pas exigée

tes qui veulent organiser des sociétés de production sous le régime actuel de la commandite. Comment, en effet, évaluer l'apport-*travail* de chaque associé, de manière à donner, non pas un chiffre approximatif, mais un chiffre déterminé qui puisse être porté à la connaissance des tiers? Le but du législateur, en exigeant la publication préalable du capital comme condition de validité de la société, a été d'offrir aux tiers une garantie en leur apprenant exactement sur quoi ils peuvent compter. Car les commanditaires ne sont pas, comme les associés en nom collectif, tenus au delà de leur mise. Ce sont donc les capitaux engagés bien plus que les personnes qui font le crédit de la société en commandite. Il est évident que la loi n'a pas songé un seul instant à associer le travail. Mais, du moins, est-il possible de l'introduire pour une part proportionnelle dans les bénéfices? Ce n'est qu'à la fin de chaque exercice que le montant de la main d'œuvre portée à l'inventaire sera connu d'une manière précise. C'est alors seulement qu'on pourra déterminer la proportion existant entre le chiffre de cette main d'œuvre et celui de la commandite en argent. Or, si jusque-là l'estimation est impossible, il faut renoncer à appliquer l'art. 43, c'est-à-dire qu'il faut renoncer à fonctionner régulièrement.

Le principe de la publicité, une fois admis, devait nécessairement s'appliquer aux modifications survenant dans les conditions fondamentales, c'est-à-dire dans le capital et dans le personnel des sociétés. Tel est l'objet de l'art. 46, qui est rédigé en termes assez généraux pour comprendre

---

pour la société en nom collectif. — Cet alinéa de l'art. 43 ne lui est donc pas applicable (V. le cours d'économie politique professé à Toulouse : *Des sociétés coopératives*, p. 42).

les diverses espèces de sociétés. Il résulte de cette disposition que tout acte modificatif est soumis aux mêmes conditions de publicité que l'acte constitutif de la société. Dépôt au greffe, affiches à la salle des audiences du tribunal, insertion dans les journaux : ce sont là des formalités fort gênantes et fort coûteuses, et elles se reproduiront souvent pour des sociétés qui, par leur essence, sont à personnel mobile et à capital variable. De plus, il faudra que tous les sociétaires, s'il s'agit d'une société en nom collectif, et tous les gérants, s'il s'agit de la commandite, apposent leur signature pour valider l'acte modificatif (art 44, cod. de comm.) Ceci nécessitera des réunions par trop fréquentes. Il est fort à craindre que les membres de la société coopérative ainsi constituée n'aient pas une minute de repos.

Avec de pareilles entraves, comment concevoir qu'une société coopérative puisse vivre légalement aujourd'hui en adoptant la forme de société en commandite ? Il a fallu pour cela des prodiges d'habileté, des efforts inouïs. Et quel est en définitive le résultat de cette habileté, de ces efforts ? C'est de défigurer l'association coopérative pour la jeter dans ce moule étroit et de forcer en même temps l'interprétation de la loi, afin de la faire plier à des usages pour lesquels elle n'a pas été faite. Nous sommes pourtant les premiers à reconnaître qu'il faut savoir gré à ceux qui se sont occupés de la question coopérative, de leur zèle et de leur activité. Il faut leur savoir gré d'avoir rassuré provisoirement les esprits timorés en donnant au moins l'apparence de la légalité à une institution qui avait besoin de faveur et d'encouragement. Mais par quels moyens sont-ils parvenus à accomplir cette œuvre ?

Le journal l'*Association*, sous les auspices de jurisconsultes et de praticiens éclairés, a publié des modèles de statuts qui ont été adoptés par un grand nombre de sociétés coopératives. L'article 9 des statuts de l'association de production (1) est ainsi conçu : « *L'apport de chaque associé est* « *fixé quant à présent à la somme de..... qui doit être versée* « *en espèce ou en nature ;* et, dans ce dernier cas, les ob- « jets apportés par un associé doivent être estimés contra- « dictoirement entre lui et le gérant ; l'estimation devra « être ratifiée par l'assemblée générale. » Chaque associé est donc obligé de fournir un apport en espèces ou en nature. Il n'est pas question du *travail.* Pour éluder la difficulté qu'il y a à l'admettre comme apport régulier, chaque ouvrier fournit une part de capital et se présente, non pas en qualité de travailleur, mais en qualité de capitaliste. L'art. 20 des mêmes statuts n'est qu'un corollaire de l'art. 9. « Les travailleurs associés ne sont soumis aux dettes et aux « pertes que dans les limites de leur apport commanditaire « stipulé à l'art. 9. » Voilà donc un premier point parfaitement établi.

Le travailleur est obligé, pour entrer dans la société, d'emprunter le masque du capital. Quelle sera donc la condition faite au travail? L'art. 18 répond à cette question : « Le travail est payé à la tache ou aux pièces, à la journée « ou au mois. Il a droit, quelle que soit sa nature, à une « double rétribution. Il reçoit une première rétribution qui « représente le salaire actuel et est versée à chacun par « pages périodiques. Cette première rétribution est fixée « pour chacun, selon les habitudes de la profession, par le « gérant, après avoir pris l'avis du chef d'atelier, et de con- « cert avec le conseil de surveillance. *Le travail reçoit en*

(1) V. les *Modèles des statuts,* p. 50 et suiv.

« *outre une part de produit à titre de complément de prix*
« *de main d'œuvre.* »

Il s'agissait de faire passer sous le couvert d'une formule
la participation du travail aux bénéfices, et il faut convenir
qu'il est difficile d'en trouver une meilleure. Mais, au fond,
qu'est-ce que ce complément de prix de main d'œuvre,
sinon une part de dividende proportionnelle? Et comment
admettre que le travail, qui n'a pas figuré comme apport,
figure à la répartition des bénéfices? Ainsi le travailleur, en
tant que travailleur, a une double rétribution : la première
qui est fixe « et qui lui est acquise définitivement quelles
« que soient les affaires de la société pendant l'exercice au-
« quel ces payes se réfèrent (1); » la seconde qui est éven-
tuelle et qui dépend des bénéfices réalisés par la société. Je
sais bien que l'associé commanditaire n'étant tenu que jusqu'à concurrence de son apport, le travail qui n'est pas
considéré comme apport, peut être à l'abri de toute responsabilité. Mais qu'en résulte-t-il? C'est que l'ouvrier,
étant toujours sûr de toucher son salaire, n'est, en cette
qualité, qu'un commis intéressé dans les bénéfices, et que
pour en faire un véritable associé on est obligé d'exiger de
lui une cotisation qui représente une part de capital (2).
Aussi, ceux qu'on désigne sous le nom de *travailleurs auxiliaires* et auxquels on donne cependant une part dans le
complément du prix de main d'œuvre, ne sont pas associés, parce qu'ils ne fournissent que leur travail. Le
grand problème de l'association du travail n'est donc pas
résolu par les *statuts*. Ou du moins, s'il est à moitié résolu

---

(1) Art. 19 des statuts, p. 53.
(2) Art. 46 des statuts, p. 59.

en fait, c'est par un subterfuge qui a le double inconvénient de défigurer l'association coopérative et d'aller contre l'intention du législateur qui a posé dans le code de commerce les règles de la commandite.

Il s'agissait encore d'atténuer, sinon de surmonter les obstacles moins graves que soulève l'art. 46 (cod. de comm.), c'est-à-dire l'embarras fiscal résultant des frais de publication sans cesse renouvelées pour les changements dans le capital et le personnel de la société, et l'embarras matériel résultant des réunions trop fréquentes de l'assemblée générale pour approuver ces changements. Voici comment on a cru résoudre la question :

« Toutes les publications légales que pourront nécessiter « les entrées ou les sorties des associés, les augmentations « ou diminutions de capital, seront faites par les soins du « gérant et *aux frais de ceux qui y auront donné lieu* (1). » En voulant éviter un danger, on tombe dans un autre : celui de gêner singulièrement la liberté des associés, en mettant à leur charge des frais, qui sont un fardeau bien plus lourd lorsqu'ils sont supportés par un seul que lorsqu'ils sont répartis sur tous les membres de la société. Quant à l'embarras matériel résultant des réunions fréquentes de l'assemblée générale, il subsiste. Car, après avoir décidé en principe que l'assemblée générale doit approuver toutes les mutations comme les admissions ou retraites d'associés (2), les statuts donnent au gérant le pouvoir de la convoquer extraordinairement toutes les fois que ce sera nécessaire.

---

(1) Art. 17, p. 35.
(2) V. l'art. 18, p. 41, et l'art. 25. p. 42, dans les modèles de statuts.

Nous ne parlerons pas ici de la *commandite par actions*, soumise par la loi de 1856 à une réglementation sévère. Elle a le grand inconvénient plus encore que la *commandite simple*, d'obliger le travailleur à se présenter comme capitaliste (1), et elle soulève à peu près les mêmes difficultés que la *société à responsabilité limitée* (2).

Cette société, qu'on voulait appeler *société anonyme libre*, tient en effet le milieu entre la commandite et la société anonyme. Elle n'est point soumise comme celle-ci au contrôle et à l'autorisation du gouvernement, et elle permet aux actionnaires de prendre une certaine part à l'administration, sans engager leur responsabilité au-delà de leur mise. La loi de 1863 a été faite comme celle de 1856 en vue du capital, quoique sous l'influence d'un mouvement inverse; mais, sauf la dispense d'autorisation qu'elle accorde moyennant certaines précautions, elle n'a rien fait qui puisse faciliter l'association coopérative.

La division en actions, dont le minimum est fixé à 100 fr. lorsque le capital n'excède pas 200,000 fr., et à 500 fr. lorsqu'il est supérieur, est une condition souvent très-difficile à remplir pour des ouvriers. Il en est de même de l'obligation imposée à chaque associé de verser le quart du capital souscrit, c'est-à-dire 25 fr. au moins par action, pour que la société soit constituée (3). Ces deux dispositions arrêtent dès le début le mouvement coopératif, qui a toujours un point de départ très-modeste, et qui n'arrive à de grands résultats que par l'accroissement progressif du capital.

---

(1) V. l'art. 4 de la loi du 23 juillet 1856.
(2) Loi du 23 mai 1863.
(3) V. l'art. 4 de la loi du 23 mai 1863.

Combien de sociétés ont commencé à l'exemple des Pionniers de Rochdale, avec quelques sous dans leur caisse (1)! Combien aussi ont commencé avec un très-petit nombre d'ouvriers ! — La société des fondeurs de Grenelle a été fondée avec cinq membres. Or, l'art. 21 de la loi de 1863 permet à tout intéressé de demander la dissolution de la société composée de moins de sept personnes.

L'art. 7 de la loi de 1863 impose aux administrateurs l'obligation d'être propriétaires, par parts égales, d'un vingtième du capital social. C'est une garantie qui supplée la responsabilité solidaire dont ils sont déchargés; mais c'est une gêne pour les sociétés nombreuses qui souvent sont obligées d'exclure du conseil d'administration les membres les plus capables.

Enfin, la constatation des souscriptions et versements par acte notarié (art. 4), et le prélèvement d'un vingtième sur les bénéfices nets pour constituer *le fonds de réserve* (art. 19), sont autant de gênes provenant de l'excès de réglementation.

Les sociétés coopératives de production qui ont voulu se constituer sous le régime de la *responsabilité limitée*, ou sous celui de la *commandite par actions*, n'ont pu le faire qu'avec le secours des caisses de dépôt ou de crédit qui leur ont prêté des capitaux pour satisfaire aux prescriptions de la loi. C'est toujours comme capitaliste et non comme travailleur qu'on s'associe. Quelques-unes même se sont

---

(1) On peut citer notamment la société des *formiers* qui a commencé avec un capital de 2 fr. Ce capital a servi à acheter un bloc de bois qui a été dégrossi et vendu 7 ou 8 fr. Cette société est aujourd'hui la maison la plus considérable de Paris pour les *formes*. (V. le rapport de M. Emile Jay à la société d'économie charitable. *Contemporain de juillet* 1865.)

écartées du régime de la légalité en déclarant intransmissibles les actions dont le caractère, d'après la loi, est d'être cessibles (1). Elles vivent à la faveur d'une tolérance provisoire qui précède ordinairement l'apparition des lois nouvelles.

Telle est, en ce moment, la situation des sociétés coopératives sous la législation actuelle. Parmi les différents types de sociétés commerciales que nous avons passés en revue, un seul donne l'accès au travail comme associé. Les sociétés de production, peu nombreuses, peuvent donc, je crois, vivre légalement comme *sociétés en nom collectif*. Mais ce régime, qui offre des inconvénients sur lesquels il est inutile de revenir, est inadmissible pour les sociétés de crédit et de consommation. Bien que la société en nom collectif nous paraisse rigoureusement conciliable avec la coopération, elle suscite des embarras sérieux. Sous les autres régimes, il est impossible de triompher des obstacles sans défigurer l'association coopérative et forcer l'interprétation de la loi. La conclusion qui découle naturellement de cette étude, c'est qu'il faut tout au moins élargir les cadres trop étroits du code de commerce, et même dans une certaine mesure du code civil. En quoi consistera l'intervention du législateur, quelles seront les réformes à faire et les bases de la loi nouvelle? C'est ce que nous allons essayer d'indiquer.

---

(1) Art. 34 et 36, loi de 1863.

CHAPITRE IV.

**Exposé des divers projets de réforme législative.
Examen du projet de loi adopté par le conseil d'état.
Conclusion.**

La liberté d'association est un principe de droit naturel. Si pourtant l'exercice de ce droit était momentanément incompatible avec l'ordre public, la société pourrait l'interdire ou le suspendre. Mais si elle peut le concilier avec sa propre sécurité, elle doit le protéger et lui faciliter tous les modes d'expansion possibles.

La forme d'association connue sous le nom de *sociétés coopératives* a donc, aussi bien que toute autre, le droit de demander sa place au soleil. Si nos lois ne laissent pas à ces sociétés la faculté de s'organiser et de se mouvoir librement, elles doivent être élargies ou modifiées. C'est ce que le gouvernement impérial a admirablement compris (1). On

---

(1) « J'ai décidé que l'autorisation de se réunir sera accordée à tous « ceux qui, en dehors de la politique, voudront délibérer sur leurs inté- « rêts industriels et commerciaux. » (Discours de l'Empereur à l'ouverture de la session législative, le 22 janvier 1866.)

sait qu'il s'occupe activement d'un changement dans notre législation, pour venir en aide aux efforts tentés par les classes laborieuses et satisfaire ce nouveau besoin de notre civilisation moderne. Mais avant d'examiner le projet de loi du gouvernement et les divers travaux législatifs qui ont paru en France pendant ces dernières années, disons un mot de ce qui s'est fait à l'étranger.

En Allemagne, c'est en vain qu'on chercherait dans la loi un article relatif aux sociétés coopératives. M. Schultze Delitsch a présenté un projet de loi au parlement prussien, mais il n'a pas eu l'appui du gouvernement qui, aujourd'hui, est absorbé par des préoccupations d'un autre ordre. Pour le moment, les sociétés coopératives allemandes n'ont pas de personnalité juridique. « Elles ne peuvent ni donner ni recevoir, « ni poursuivre, ni être poursuivies en leur propre nom. « Chaque banque est obligée de donner mandat à son cais- « sier ou à tout autre agent pour se faire représenter.... Il « paraît aussi que, d'après la législation actuelle des sociétés « en Prusse, il faut nécessairement que toute société de « coopération soit *en nom collectif* (1). » Nous venons de voir que cette forme, malgré ses inconvénients, est la seule possible aujourd'hui en France.

En Angleterre, une loi spéciale a été faite; elle est en vigueur depuis le 7 août 1862. Les sociétés coopératives n'y sont pas nommées. La loi est intitulée . *Acte pour amender et consolider les lois relatives aux sociétés industrielles et de prévoyance.* Mais, bien que la coopération n'y soit ni désignée, ni définie, c'est en sa faveur que le législateur est

---

(1) .V. le *Cours d'économie politique*, de M. Rozy, *sur les sociétés coopératives.* p. 36.

intervenu (1). Ce qu'il y a de plus remarquable dans cette
loi, c'est un système de publicité très-simple et très-écono-
mique; L'art. 5 est ainsi conçu : « Deux copies des statuts
« devront être remises au greffier (registar) des sociétés
« amicales d'Angleterre, d'Ecosse ou d'Irlande, et *devront*
« *être examinées par lui*.... Le greffier devra en consé-
« quence délivrer un certificat d'enregistrement, et ce cer-
« tificat formera, dans tous les cas, preuve absolue que la
« société a été dûment enregistrée. » A cette condition, la
société est constituée comme personne juridique ayant une
durée perpétuelle et un sceau commun. Le certificat est
délivré sans frais (art. 2). De plus, chaque société doit avoir
un bureau, en dehors duquel elle fait peindre ou afficher
son nom; c'est là que s'adresseront tous ceux qui ont des
avis et des communications à donner ou à recevoir (art. 12).
Une copie des statuts sera délivrée à toute personne, moyennant un schelling (1 fr. 25) (art. 7). Ce système, qui a de
grands avantages, serait difficile à pratiquer en France, car
le *registar*, chargé *d'examiner* la société, avant de l'enregistrer, devient par là même juge et appréciateur souverain
de la validité de l'acte et des clauses qui y sont insérées.
C'est soumettre à une sorte d'autorisation administrative
préalable la formation de ces sociétés; aussi, nous avons
bien des raisons pour croire que nous ne devons pas chercher à imiter la loi anglaise. Un autre trait saillant de cette
loi, c'est la disposition de l'art. 4 qui semble n'imposer aux
sociétés aucune clause obligatoire, mais qui leur prescrit de
répondre dans leurs statuts à toutes les questions posées

---

(1) L'art. 3, sans définir les sociétés coopératives, les désigne par
leur objet.

dans un tableau annexé à la loi. Ce tableau ne fait qu'indiquer les points sur lesquels la société aura à s'expliquer, en lui laissant toute liberté pour les solutions à donner.

Cependant, sous cette apparence de liberté, il y a dans la loi anglaise des restrictions que nous ne pouvons nous empêcher de trouver arbitraires. Pourquoi l'art. 3 fixe-t-il à sept le nombre des membres nécessaires pour constituer la société (1)? Pourquoi le même article interdit-il les opérations de banque? Pourquoi, enfin, l'art. 9 refuse-t-il à tout membre de la société de prendre ou de se faire reconnaître un intérêt excédant la somme de 200 livres sterlings? En examinant de près les divers articles de la loi anglaise, on pourrait y rencontrer bien d'autres dispositions susceptibles d'être critiquées. Cet examen aboutirait peut-être à nous montrer les inconvénients d'une loi spéciale. Mais il est temps d'aborder la question législative en France.

Il y a deux ans que cette question est livrée aux méditations des jurisconsultes et des économistes. Quelques-uns ont d'abord refusé de reconnaître dans la loi actuelle des lacunes et même des entraves. Ils se sont prononcés énergiquement pour le droit commun, c'est-à-dire pour le *statu quo*. La plupart cependant, en étudiant plus attentivement, d'un côté, l'économie de nos lois, et de l'autre, les caractères fondamentaux de l'association coopérative, ont abandonné leur première idée. Aujourd'hui, presque tous s'accordent sur la nécessité de l'intervention du législateur. J'ai dit : *presque tous ;* car il y a encore maintenant des hommes qui

_____

(1) C'est cette disposition qui a été copiée par la loi de 1863 sur les sociétés à responsabilité limitée (art. 21).

repoussent, non-seulement tout projet de loi spéciale, mais même tout projet de modification dans nos codes, si ce n'est au point de vue fiscal pour diminuer les frais de publicité. Encore demandent-ils que cette diminution de frais ne soit faite qu'en faveur des petites sociétés qui commencent et qu'elles rentrent dans le droit commun, dès que leur capital aura atteint le chiffre de 100,000 fr. On consent même à reculer la limite jusqu'à 500,000 fr. A partir de ce moment, dit-on, les sociétés n'auront plus besoin d'être protégées. — Le Code de commerce n'a fait que traduire en termes clairs et précis ce qui était dans la nature des choses, lorsqu'il a reconnu diverses espèces de sociétés. La liberté de choisir entre ces diverses formes existe pleine et entière pour ceux qui veulent s'associer. Cette liberté est suffisante ; il ne faut donc pas s'écarter du droit commun. D'ailleurs, l'exemple des sociétés allemandes qui ont prospéré avec la forme de *société en nom collectif*, est là pour nous encourager. Le principe de la solidarité entre associés est, en effet, la plus sûre et la plus solide des garanties ; c'est le complément naturel de la liberté. Puisque les sociétés coopératives peuvent vivre et prospérer sous ce régime, pourquoi veut-on bouleverser notre législation (1)?

Il y a tout d'abord un point important à constater dans ce système : c'est qu'on reconnaît la gêne résultant des frais de publicité auxquels sont soumises les sociétés commerciales. La suppression ou tout au moins la diminution de ces frais nécessitera, dans tous les cas, l'intervention du

---

(1) Cette opinion a été soutenue par M. Wolowski au congrès des sociétés savantes (séance du 28 mars 1866).

législateur. Quant à la limitation du capital social imposée aux sociétés coopératives, il n'est pas nécessaire de réfléchir bien longtemps pour comprendre que c'est une restriction arbitraire et inutile. On dit aux coopérateurs : Nous vous permettons de prospérer jusqu'à ce que votre capital ait atteint le chiffre de 100 ou 500 mille francs. Mais vous n'irez pas plus loin. Jusque-là, vous aurez de l'air, de l'espace : vous pourrez respirer librement. Mais, à partir de ce moment, nous vous retirons les facilités que nous vous avions accordées ; vous devez y renoncer pour rentrer dans ces cadres étroits du droit commun qui vous étouffent. C'est un langage qui est loin d'être encourageant et qui ne peut manquer de froisser les ambitions les plus légitimes. Pour ce qui est de prétendre que le droit commun suffit à satisfaire tous les besoins, nous croyons avoir démontré le contraire. Nous sommes loin de contester l'excellence du principe de la solidarité considéré en lui-même et à l'égard des tiers. Mais il ne s'agit pas ici de conseiller la forme d'association la plus juste, la plus morale ; il s'agit de voir ce qui est possible. Eh bien ! la loi ne peut pas imposer cette forme unique qui épouvante à bon droit ceux qui veulent entrer dans la société. Or, si l'on s'en tient au droit commun, la société en nom collectif, nous l'avons dit, est la seule qui permette l'association du travail. — La solidarité sera donc un principe obligatoire pour les sociétés coopératives. On verra alors s'il s'en forme beaucoup dans de pareilles conditions. En Allemagne, M. Schulze-Delitsch lui-même a compris les inconvénients de ce régime, puisqu'il a présenté au parlement prussien un projet de loi tendant à le modifier. Si cependant les sociétés qu'il a fondées ont pu prospérer, cela tient à des circonstances particulières qui se sont rencontrées en Allemagne, qui ne

se rencontreraient certainement pas en France, et sur lesquelles il n'est pas possible d'asseoir une opinion générale,
une conviction sérieuse.

Mais il ne faut pas songer seulement au Code de commerce. Toutes les sociétés coopératives ne sont pas nécessairement commerciales. Dirons-nous, avec M. Troplong :
la liberté est dans le Code civil (1) ; et, avec M. Boissonade :
le Code civil suffit aux sociétés coopératives? — Sans repousser l'idée d'une réforme législative, M. Boissonade n'en
reconnaît l'utilité qu'en matière commerciale. En attendant,
suivant lui, les sociétés coopératives peuvent *toutes* se
constituer civilement. Nous avons démontré qu'il y a des
sociétés coopératives qu'il est impossible de considérer
comme sociétés civiles, et que celles mêmes qui peuvent
se constituer civilement trouvent dans le Code Napoléon des
obstacles assez graves pour arrêter leur développement.

Nous arrivons donc à formuler très-nettement cette conclusion : *Il faut une réforme législative.* Mais, si tout le
monde est à peu près d'accord aujourd'hui sur l'utilité de
cette réforme, on est bien loin de s'entendre sur la voie à
suivre pour y arriver. On peut diviser les différentes opi-
nions qui se sont fait jour là-dessus en deux grandes caté-
gories.

Les uns, redoutant les inconvénients d'une réglementation excessive qui réduit le rôle du législateur à celui de
rédacteur de statuts, et ne voulant pas faire aux sociétés
coopératives une situation privilégiée, demandent à élargir
simplement les cadres tracés par le Code de commerce et
le Code civil.

---

(1) Troplong, *Sociétés*, n° 1077.

Les autres, pensant que tout a sa raison d'être dans la loi, que chaque espèce de société doit être entourée de précautions particulières, veulent maintenir le système de la protection, dans l'intérêt des associés et dans celui des tiers. Craignant, d'autre part, de voir les combinaisons les plus hardies, les plus vastes entreprises emprunter le masque de la *coopération*, ils veulent une loi spéciale qui, tout en facilitant les sociétés coopératives, les définisse par leur objet.

La première opinion a produit plusieurs systèmes qui, avec des nuances plus ou moins tranchées, partent tous du même principe. Le plus large et le plus radical consiste à demander pour toutes les sociétés la liberté des conventions, avec la seule garantie résultant de la publicité. Il est impossible d'élargir davantage les lois relatives aux sociétés.

Il y a en droit, disent les partisans de ce système, un brocard qu'il est toujours bon de rappeler : *Vigilantibus jura subveniunt*. Le législateur ne doit pas faire les affaires de tout le monde. Il ne faut pas qu'il soit appelé à intervenir chaque fois qu'une combinaison nouvelle se produira. En étudiant les différentes lois qui, depuis quelques années, sont venues successivement modifier et réglementer les sociétés, on ne tarde pas à se convaincre que toutes les restrictions sont incapables de défendre ceux qui ne veulent pas se protéger eux-mêmes. Les mesures préventives, en matière commerciale, ne sont bonnes qu'à effrayer les honnêtes gens et n'empêchent pas les affaires véreuses. La loi de 1856 en est une preuve. Aujourd'hui, les sociétés coopératives demandent à trouver place dans nos codes. Une loi nouvelle va paraître. Un nouveau type de société sera créé. Demain, on trouvera la loi insuffisante, et il faudra de nouveau que le législateur se mette à l'œuvre.

On va bien loin chercher des systèmes tandis qu'on a sous les yeux un exemple qu'il suffit d'imiter pour lever à l'instant tous les obstacles.

Il y a dans le Code civil une association qui se prête à toutes les combinaisons dont l'expérience révèle successivement l'utilité, et qui, cependant, au même titre que les sociétés commerciales, touche à l'ordre public et au droit des tiers : c'est l'association conjugale. Or, l'art. 1387, au titre du *contrat de mariage*, est ainsi conçu : « La loi ne « régit l'association conjugale quant aux biens qu'à défaut « de conventions spéciales, que les époux peuvent faire « comme ils jugeront à propos, etc...... » Cessons donc de chercher un type nouveau, des conditions particulières, pour les sociétés coopératives : nous n'y parviendrions pas. Introduisons dans l'art. 48 du Code de commerce la disposition de l'art 1387 (C. N.). Supprimons les cadres qui restreignent la liberté des conventions. Ou plutôt, transformons-les en les rendant *facultatifs*, d'*obligatoires* qu'il étaient. Les anciens types seront conservés comme des modèles ; et les associés auront le droit de régler leurs intérêts suivant leurs convenances et leurs besoins. Du reste, on ne fera que hâter ainsi le progrès de notre législation qui tend de plus en plus, et par la force des choses, à supprimer toutes les entraves. Il suffit pour s'en convaincre de jeter un regard en arrière. En fait de sociétés commerciales, on a commencé par exiger la solidarité de tous les associés. Puis, on a voulu ne faire peser la responsabilité que sur la personne du gérant.

Plus tard, on a vu que cette responsabilité était illusoire dans de grandes entreprises où des capitaux considérables étaient en jeu. On a remplacé alors les anciennes garanties par l'autorisation du gouvernement. Enfin, en 1863, on a créé les sociétés à responsabilité limitée sans autorisation du gouvernement, à condition que le capital ne dépasse pas 20 millions. Ainsi la tendance du législateur est d'arriver peu à peu à la liberté des conventions. Pourquoi ne pas l'admettre dès maintenant? La simplicité est dans le sens du véritable progrès historique, et c'est le vrai caractère d'une bonne loi. Toutefois, il est une condition qui doit rester obligatoire, une garantie qu'il faut conserver dans l'intérêt des tiers : c'est la *publicité des conventions*. Le problème ne sera pas de rendre la publicité moins étendue, mais moins coûteuse et plus efficace. Or, il faut pour cela remanier complètement l'art. 42. Il faut renoncer à la publicité éphémère des journaux, qui entraîne des frais considérables, à la publicité illusoire des affiches au tribunal de commerce.

L'acte de société ne sera plus déposé au greffe du tribunal de commerce, mais au greffe de la justice de paix du canton où elle a son principal établissement; parce que là il se fait moins d'affaires et que les communications sont plus rapides et plus faciles. Quant aux modifications, soit dans le personnel, soit dans le capital, elles seront annexées à l'acte à mesure qu'elles se produiront. Les tiers qui voudront prendre connaissance des statuts n'auront qu'à en demander communication au greffier.

« Tout écrit émané de la société portera la mention du greffe où l'acte de société a été déposé. (1) »

---

(1) V. les art. 4 et 5 du projet de loi présenté à la *Société d'Economie charitable* dans la séance du 19 mars 1866 (*Contemporain* du 30 avril 1866).

Liberté des conventions pour toutes les sociétés, avec une publicité plus efficace et moins coûteuse : voilà en résumé tout le système que nous venons d'exposer. Ce système, il faut bien le reconnaître, est séduisant par sa simplicité même. En généralisant pour toutes les sociétés les facilités qu'on ne voulait accorder qu'aux seules sociétés coopératives, il répond au désir des ouvriers qui ne veulent pas entendre parler de priviléges et qui demandent à rester dans le droit commun. Il répond aussi, en apparence, aux besoins du présent et à ceux de l'avenir (1). Mais le premier moment d'enthousiasme une fois passé, on est effrayé, lorsqu'on l'examine froidement, de tous les dangers qu'il présente, de toutes les objections qu'il fait naître.

Comme on l'a reproché d'abord assez spirituellement aux partisans de la liberté des conventions, ils ont le tort de vouloir comparer des sociétés à *personnel mobile, à capital variable,* à toutes les sociétés dont le personnel est le moins mobile et dont le capital est le moins variable. Encore n'est-ce là peut-être que le moindre défaut de leur système. Il y a des arguments plus sérieux à lui opposer.

Je ne crois pas que le mouvement progressif de notre législation tende à se rapprocher de plus en plus de la liberté des conventions. On a remarqué que la législation ancienne était plus libérale que la nôtre sous certains rapports, et que le législateur de 1807 s'était livré à un travail

---

(1) Ce projet a été développé au congrès des délégués des sociétés savantes, par M. Batbie, professeur à la Faculté de droit de Paris, (Séance du 28 mars 1866. — (V. l'*Economiste* du 17 mai).

de classification. Depuis cette époque jusqu'à la loi de 1856, qui n'est certes pas une loi très-libérale dans le sens où on veut l'entendre, le vent n'a pas soufflé de ce côté-là. La loi de 1863 a été, il est vrai une réaction contre les sévérités et les restrictions de la loi de 1856 ; mais elle a posé elle-même de nombreuses restrictions : elle a suppléé par une foule de précautions à l'autorisation du gouvernement. En un mot, elle a réglementé. Or, la réglementation peut être plus ou moins large ; mais, dans tous les cas, ce n'est pas un pas fait vers la liberté des conventions. L'argument emprunté aux tendances de notre législation me paraît donc mal fondé. S'il est vrai que nos lois pèchent par un excès de réglementation, le système que je combats a un grand danger : c'est de brusquer les choses, c'est de faire une sorte de révolution dans le régime légal des sociétés en les faisant passer tout à coup et sans transition d'une tutelle peut-être un peu exagérée à une liberté certainement trop absolue. Avant de renverser complètement un édifice qui a subi l'épreuve du temps, que l'expérience a consacré (je ne parle pas, en ce moment, des lois nouvelles), il faut non-seulement être bien convaincu qu'il est insuffisant et défectueux ; mais il faut encore savoir comment on le remplacera. Ici, on renverse, mais on ne songe pas à reconstruire, on laisse la place vide. On nous répondra peut-être que l'édifice est non-seulement défectueux, mais inutile. Dès lors, pourquoi ne pas s'en passer ? Du reste, ajoute-t-on, c'est à tort qu'on nous accuse de détruire. Nous ne faisons qu'élargir. Nous laissons subsister les anciens types de société comme on conserve dans le Code les cinq régimes matrimoniaux à titre de modèles. Eh quoi ! vous dites aux parties : Voilà des règles qui étaient obligatoires pour vous ; désormais, elles seront facultatives. Et ce n'est pas là ce qu'on appelle effacer une loi! Qu'est-ce donc qu'une loi qui n'oblige pas? Mais, nous dira-t-on encore, nous ne détruisons pas complètement. Il y avait une garantie qu'il était nécessaire de conserver dans l'intérêt des tiers. Nous la maintenons en substituant à la publicité des art. 42 et 43, une publicité plus efficace et moins coûteuse. Voilà assurément une bonne réforme, une garantie très-utile : mais elle ne suffit pas.

La responsabilité en est une autre qu'il est important de conserver et de régler dans une certaine mesure. En outre, il ne suffit pas de sauvegarder l'intérêt des tiers qui ont à traiter avec la société; il faut encore songer aux associés eux-mêmes. La loi de 1856, qui est l'objet de tant de critiques, n'a pas empêché peut-être certains abus de se produire. Mais, sans elle, il s'en serait produit bien davantage.

La même liberté qui peut convenir aux sociétés coopératives ne convient pas à toutes les sociétés de capitaux. Il faut protéger ceux qui confient leurs capitaux aux sociétés commerciales, et établir une barrière quelconque contre les faiseurs de spéculations et les chevaliers d'industrie. Et qu'on ne dise pas que cette barrière se trouve dans le Code pénal. Le législateur de 1856 a compris que le Code pénal ne suffisait pas.

Cette dernière considération a frappé quelques-uns de ceux qui, instinctivement, avaient embrassé le système radical de la liberté des conventions. Plusieurs amendements ont été proposés.

Un premier amendement, qui a été présenté comme une concession provisoirement faite aux esprits timorés, consiste à conserver les lois de 1856 et de 1863 pour les grandes sociétés industrielles dont le capital est divisé en actions, et à ajouter en faveur des sociétés coopératives la disposition suivante : « *Lorsque le capital social est inférieur à*

« *100,000 francs, il peut être divisé en actions ou coupons*
« *d'actions de moins de 100 francs* (1). »

La liberté de diviser le capital en actions n'est pas nécessaire, dit-on, aux sociétés coopératives, qui ne sont pas
des sociétés de capitaux et qui se forment la plupart du
temps *intuitu personæ*. Cependant, il peut se rencontrer
de petites sociétés qui, se soumettant aux dispositions des
lois spéciales, désirent diviser leur capital en actions. Pour
quel motif le leur interdire ? Je prétends qu'il n'y a là qu'un
moyen terme et une restriction purement arbitraire. Ou
bien il faut interdire implicitement aux sociétés coopératives de diviser leur capital en actions en les soumettant
aux lois de 1856 et de 1863, ou bien, il faut en revenir à la
liberté des conventions dont nous venons de voir les dangers. Pourquoi leur assigner cette limite de 100,000 francs ?
Et d'ailleurs suffit-il pour leur rendre possible la division
du capital en actions de réduire le minimum fixé par la loi
de 1856 ? On croit avoir tout fait lorsqu'on leur a permis
d'avoir des actions de moins de 100 francs. Cela ne suffit
pas. Les laissera-t-on pour tout le reste sous l'empire de la
loi, ou bien admet-on la liberté des conventions pour les
sociétés par actions dont le capital ne dépasse pas 100,000
francs ? Voilà autant de difficultés à résoudre et autant de
motifs qui me font repousser cet amendement.

Un autre amendement consiste « *à accorder la liberté*
« *des conventions à toutes les sociétés dont le capital est*
« *divisé en parts nominatives, transmissibles seulement avec*
« *l'assentiment de l'assemblée générale.* »

---

(1) V. le *Contemporain* du 30 avril. Projet de loi présenté par
M. Desportes à la *Société d'Economie charitable*, dans sa séance du
27 février 1866.

« Quel est, dit l'auteur de cet amendement, le but du
« législateur dans les lois de 1856 et de 1863? C'est de
« protéger le public contre certaines sociétés de spécula-
« tion dont les actions circulent de main en main comme
« une monnaie. C'est seulement pour cette hypothèse que
« sont édictées toutes les mesures de précaution. Les so-
« ciétés de coopération fondées dans un autre esprit et
« sous d'autres formes doivent donc échapper à toutes ces
« entraves. La transmission facile des titres est la condi-
« tion *sine qua non* du succès de toutes les sociétés de
« spéculation ; la division du capital en parts nominatives
« est toute la garantie que puisse exiger l'intérêt pu-
« blic (1). »

La plupart des sociétés coopératives n'ont pas, en effet,
le même but que les grandes sociétés industrielles. Mais
pourquoi ne pas admettre qu'elles puissent diviser leur
capital en actions au porteur? Ce n'est pas que nous vou-
lions supprimer les précautions très-utiles de la loi de
1856. Nous voulons seulement faciliter aux sociétés coopératives l'accès de la commandite par actions, et leur permettre de donner aux actions la forme qui leur conviendra,
en conservant les garanties nécessaires à l'ordre public et
aux tiers. C'est ce qu'a voulu réaliser le projet du gouvernement (2). Non-seulement l'auteur de l'amendement n'admet pas l'*action au porteur*, mais il n'admet la transmission de l'*action nominative* que sous cette condition que le

---

(1) Amendement proposé par M. E. Duvergier de Hauranne au congrès des délégués des sociétés savantes (Séance du 28 mars 1866 —
V. l'*Economiste* du 17 mai 1866).

(2) V. l'art. 53 du projet.

nouvel associé, qui prendra la place de l'ancien, sera accepté par l'assemblée générale. C'est, d'une part, rendre longue et difficile la négociation des parts d'intérêts dans les sociétés; c'est, d'autre part, mettre l'associé à la discrétion de la société, l'individu sous la main de la coopération. Enfin, en dehors des sociétés par actions, il faut, d'après l'amendement, en revenir à la liberté des conventions. Nous avons dit pour quels motifs nous croyons devoir rejeter ce système. Les mêmes motifs nous font repousser l'amendement.

On a proposé encore, comme restriction à la liberté des conventions, d'obliger chaque associé à ne point posséder au-delà d'une certaine part dans l'actif social. Mais cette disposition, empruntée à la loi anglaise, a le tort de poser une limite à l'épargne et au bien-être de chacun.

Un projet de loi qui se rapproche autant que possible de la liberté des conventions, a été rédigé par deux jurisconsultes dont la science et le zèle pour les sociétés coopératives sont bien connus (1). L'art. 35 du projet abroge : 1° les art. 19, 34, 37, 38, 40, 43, 44, 45, 47 et 48 du Code de commerce; 2° la loi du 17 juillet 1856; 3° la loi du 23 mai 1863. Comme on le voit, il s'agit d'une réforme presque complète de la législation commerciale relative aux sociétés. Au moins, ne peut-on pas reprocher aux auteurs de ce projet de détruire sans chercher à reconstruire. Les sociétés coopératives n'y sont pas nommées, mais l'art. 5 ouvre la porte à toutes les combinaisons nouvelles en créant la *société mixte*, qui doit emprunter ses règles aux trois

(1) Projet de loi sur les sociétés civiles et commerciales, par MM. Vavasseur et Emile Jay (Paris, 1865).

modes anciens, mais qui peut les mêler et les combiner au gré des parties. Ainsi, les trois types anciens ne sont pas seulement conservés comme modèles, comme types facultatifs. Ils demeurent obligatoires, en ce sens que toute disposition insérée dans les statuts, qui ne sera empruntée ni à la société en nom collectif, ni à la commandite, ni à la société anonyme, sera nulle. En cela, le projet de loi de MM. Jay et Vavasseur diffère au moins en apparence du système de la liberté des conventions. Les sociétés civiles continuent à être régies par le Code Napoléon avec quelques légères modifications. La *société par actions* fait l'objet du titre II. La loi de 1856 y reçoit d'importantes modifications. La société pourra se constituer après souscription de la *moitié* du capital social. La négociation des actions sera permise après le versement du quart (1). Les actions ne peuvent être de moins de 100 francs, lorsque le fonds social ne dépasse pas un million (art. 2). La seule condition imposée aux assemblées générales chargées de vérifier les apports est de représenter la moitié du capital souscrit. Enfin, l'art. 12 organise un système de publicité qui ressemble beaucoup à celui du Code de commerce. Ainsi, dès le moment qu'une société divisera son capital par actions, elle aura à observer une série de règles qui, moins sévères que celles de la loi de 1856, ne nous paraissent pas moins offrir des garanties suffisantes aux associés et aux tiers. Mais, en dehors de la société par actions, nous retombons, à peu de chose près, dans le système de la liberté des conventions déguisé sous le nom de *société mixte*. Du reste,

---

(1) C'est ce que propose le projet du gouvernement.

lès auteurs du projet en conviennent eux-mêmes : « Nous
« créons, disent-ils, la société *mixte* que nous aurions pu
« tout aussi bien appeler la société *libre*, parce qu'elle
« réalise la liberté des conventions dans toute sa pléni-
« tude (1). » Sans doute, c'est un moyen ingénieux d'ouvrir la porte aux sociétés coopératives, mais on l'ouvre en
même temps à toutes les combinaisons qui pourront se
présenter dans l'avenir, en dehors de la coopération. Je
crois qu'il y a là un danger véritable, et que bientôt le
législateur ne tarderait pas à sentir le besoin de réprimer
les abus qui seraient la conséquence inévitable de ce système.

Les différents projets que nous venons d'examiner se
rapprochent tous, plus ou moins, de la liberté des conventions qui, en définitive, a réuni peut-être le plus grand
nombre de partisans. Avant l'apparition du premier projet
du gouvernement, un autre projet de loi spéciale a été rédigé par plusieurs hommes considérables venus de tous
les points de l'horizon (2).

Les sociétés coopératives y sont définies par leur objet.
Les formalités de publicité sont simplifiées ; mais le grand
défaut du projet est d'entrer dans certains détails qu'il
aurait fallu réserver pour les statuts. Ainsi, l'art. 2 fixe un
maximum pour les cotisations périodiques et pour le premier versement. L'art. 6 introduit pour les associés un genre
de responsabilité particulier qu'on a appelé depuis : *Responsabilité proportionnelle intégrale* ou *mutualité contri-*

----

(1) Exposé des motifs du titre 1er, p. 28 et 29.
(2) *Des Sociétés de coopération et de leur constitution légale.* Paris,
Guillaumin, 1865.

butive (1). Cette responsabilité n'est pas une invention nouvelle. Comme le montre très-bien M. Boissonade (2), l'art. 1863 du Code Napoléon l'indique aux parties qui voudront déroger au droit commun dans l'acte de société. « Si nous examinons le droit commun des sociétés civiles, « les articles 1862 et 1863 du Code Napoléon se résument « ainsi : Il n'y a pas solidarité entre les associés ; ils sont « tenus chacun pour une somme égale, encore que leurs « parts dans la société soient inégales ; mais la loi ajoute « immédiatement qu'on peut, par l'acte même d'engage- « ment, restreindre la responsabilité de chacun *sur le pied* « *de sa part....* Ainsi, on ferait déjà cadrer l'*obligation* aux « dettes envers les tiers, avec la *contribution* définitive en- « tre les associés respectivement, laquelle est en propor- « tion de leur mise dans le fonds de la société (art. 1853). » Je reconnais, avec M. Boissonade, que si cette responsablité est préférable au droit commun, et à plus forte raison à la solidarité, elle peut encore effrayer les petits souscripteurs et nuire au crédit de la société. Aussi, je reproche à l'art. 6 du projet en question de l'imposer aux sociétés coopéra-tives. Il faut qu'elles aient la faculté de rendre les associés responsables jusqu'à concurrence de leur mise seulement. C'est là responsabilité des commanditaires. Mais peut-elle se concilier avec la forme de société civile ? Et d'abord c'est une question très-controversée que celle de savoir si une société civile peut se constituer en commandite. Indé-

---

(1) Ainsi, une société composée de vingt-cinq associés a un passif qui excède son actif de 2,500 fr. Si les parts sont égales, chacun sera responsable personnellement de 100 fr.

(2) V. le *Courrier de l'Isère*, n° du 28 juin, le Code Napoléon et les Sociétés coopératives civiles du Dauphiné.

pendamment de cette question, les associés qui font partie d'une société civile peuvent-ils stipuler qu'ils ne seront responsables que jusqu'à concurrence de leur mise ? L'article 1863 n'est-il qu'énonciatif ? Voilà ce dont il est permis de douter ; car les exceptions sont de droit étroit, et si l'article 1863, après avoir posé la règle, prend soin d'indiquer comment les parties peuvent y déroger, c'est qu'il ne leur laisse pas le choix, c'est qu'il n'admet pas qu'elles puissent y déroger autrement. Enfin, un dernier reproche qu'on peut adresser à ce projet de loi c'est d'assimiler le gérant à un simple mandataire et de ne le rendre responsable que de sa faute (art. 1992, Cod. Nap.). Je ne vois pas pourquoi on ferait encore une exception au droit commun en faveur des sociétés coopératives. L'étendue de la responsabilité du gérant doit être déterminée d'après la forme que la société adoptera. En général, il est juste que celui qui a plus de pouvoirs ait aussi une plus grande dose de responsabilité. En résumé, nous reprochons aux auteurs du projet que nous venons d'analyser d'avoir fait des innovations inutiles ou téméraires en faveur des sociétés coopératives et d'avoir donné, comme loi, de véritables modèles de statuts.

L'exposé des motifs du premier projet de loi présenté par le gouvernement annonçait un excellent programme. On disait qu'on « se bornerait à modifier les dispositions qui, « dans la législation générale, pourraient faire obstacle à « l'établissement ou à la marche des sociétés de coopéra- « tion, en les laissant libres de choisir, selon leur objet ou « leur goût, la forme qui leur conviendrait le mieux. » Mais ce programme n'a été qu'imparfaitement rempli. On a essayé de définir les sociétés de coopération par leur objet. Comme il était aisé de le prévoir, on a échoué, et on n'a pu donner qu'une définition très-incomplète. Le gouvernement. qui n'a pas tardé à s'apercevoir des lacunes de ce premier projet, a voulu s'éclairer. « Il a pensé qu'il serait « utile de procéder à une enquête dans laquelle seraient « appelés tous ceux qui, par leurs lumières et leur expé- « rience, pouvaient être consultés avec fruit. Une commis- « sion chargée de recueillir les dépositions, a entendu de « notables industriels, des jurisconsultes et des économis- « tes distingués, des magistrats consulaires, des membres « des chambres de commerce, des administrateurs de gran- « des compagnies ; elle s'est attachée à provoquer les ob- « servations des fondateurs des sociétés coopératives et « celles des ouvriers membres ou gérants de ces associa- « tions (1). » Un nouveau projet a été rédigé : c'est celui qui sera présenté au Corps législatif et dont nous allons donner une rapide analyse.

Plusieurs modifications heureuses ont été faites. Mais dans son ensemble, ce second projet diffère peu du pre- mier. L'ancien titre portait cette rubrique : *des sociétés de coopération*. Le nouveau est intitulé : *dispositions parti- culières aux sociétés de coopération*. On ne peut qu'ap- plaudir à ce changement. « Dans l'esprit de la loi, dit l'ex- « posé des motifs, les sociétés de coopération restent « soumises aux mêmes formes et aux mêmes conditions « d'existence que les autres sociétés. Tout se borne à au- « toriser en leur faveur quelques dérogations aux règles « générales ; tandis que l'ancienne rubrique semblait an- « noncer la pensée de constituer des sociétés d'une nou- « velle espèce, distinctes des autres par leur forme et par « leurs éléments essentiels. »

---

(1) Exposé des motifs du nouveau titre iv, p. 7.

Le nouvel art. 51 a reproduit, avec quelques additions, la définition du premier projet. Il est ainsi conçu : « *Les so-* « *ciétés qui ont pour objet l'une ou plusieurs des opérations* « *suivantes :*

« *Acheter pour les vendre aux associés seuls, ou aux* « *tiers, des choses nécessaires aux besoins de la vie ou aux* « *travaux de leur industrie;*

« *Construire des maisons pour les associés;*

« *Ouvrir aux associés des crédits ou leur faire des* « *avances;*

« *Vendre les produits de travaux exécutés par les associés* « *isolément ou en commun;*

« *Enfin faire en commun des travaux en exécution de* « *traités ou de marchés;*

« *Sont soumises aux dispositions générales qui régissent* « *les différentes espèces de sociétés civiles ou commerciales,* « *sauf les modifications énoncées dans les articles sui-* « *vants.* »

Le premier projet ne parlait pas des sociétés pour la construction des maisons, ni de celles qui ont pour objet de vendre en commun les productions de l'industrie isolée des associés, ou de faire en commun des travaux en exécution de traités ou de marchés. Son énumération n'était pas complète : celle du nouveau projet l'est-elle davantage ? Qui dit *définir* dit limiter ou circonscrire. Or, si en quelques mois de nouvelles combinaisons ont pu se produire et ont montré l'insuffisance de la première définition, il est à craindre que bientôt aussi le nouveau cadre, plus large que l'ancien, ne devienne lui-même trop étroit. Voilà le danger qu'il y a à définir les sociétés coopératives par leur objet. Du reste, l'exposé des motifs en convient. « Mais le projet, dit-il, « n'a pas la prétention de contenir le dernier mot de la

« législation; il n'a que celle de poser des bases que l'ave-
« nir rectifiera et complètera. » En présence d'un pareil
aveu, on se demande pourquoi le législateur se résigne si
facilement à faire du *provisoire* lorsqu'il pourrait faire du
définitif. Et puis, est-ce bien la nature des opérations
qu'elle a pour objet, qui caractérise l'association coopérative? Je ne le crois pas. Le travail et l'épargne collective
concourant à former peu à peu le capital : voilà les deux
éléments fondamentaux de la coopération. Ce n'est pas à
dire qu'il y ait là la base d'une définition rigoureuse. Mais
celle de l'art. 51 me parait difficile à admettre.

Les art. 52 et 54 établissent en principe la variabilité du
capital et la mobilité du personnel. Toutefois, ils mettent
une restriction à ce principe. L'art. 52 dit que « les statuts
« doivent déterminer une somme au-dessous de laquelle le
« capital social ne pourra être réduit. » Il faut, en effet, dit
l'exposé des motifs, conserver aux tiers une garantie qui
sera plus ou moins forte, suivant que le minimum de capital fixé par les statuts sera plus ou moins élevé. Mais cette
garantie ne sera-t-elle pas bien souvent illusoire, puisque
la loi ne fixe pas de minimum, et que les parties ont la faculté de le réduire à un chiffre qui peut être dérisoire?
Mieux vaut laisser aux parties liberté complète à cet égard.
En disant que chaque associé, en se retirant, est libre pour
l'avenir, mais ne peut se dégager des obligations qu'il a
contractées formellement ou tacitement, l'art. 54 ne fait
qu'énoncer une règle d'équité et de bon sens.

L'art. 53, qui facilite pour les sociétés coopératives l'accès
de la commandite par action et de la société anonyme, paraît difficile à concilier avec le capital variable admis par
l'article 52. Mais la contradiction, comme le montre l'exposé des motifs, n'est qu'apparente. L'obligation de déter-

miner un minimum de capital social explique tout. C'est le chiffre fixé par les statuts qui devra être souscrit, et c'est le dixième qui devra être versé pour que l'action soit négociable. « Dans presque toutes les sociétés de coopération, dit « l'exposé des motifs, le capital se forme lentement, par pe- « tits versements réitérés toutes les semaines ou tous les « mois. Un temps assez long peut donc s'écouler avant « que le quart du capital et le quart du montant des actions « soient atteints ; la constitution de la société et la faculté « de négocier les actions se trouvent ainsi suspendues ou « différées ; ce qui est un inconvénient incontestable. La « modification proposée le fait disparaître... » Enfin, au lieu de l'acte notarié exigé par la loi du 17 juillet 1856 (art 1er) pour constater la souscription du capital et les versements, l'art. 53 se contente d'une déclaration sous signature privée du gérant et des fondateurs.

Les administrateurs des compagnies industrielles qui ont adopté la forme de société anonyme, doivent être propriétaires du vingtième du capital social. C'est ce que décidait la loi de 1863 relativement aux sociétés à responsabilité limitée. C'est aussi ce que décide l'art. 20 du projet sur les *sociétés anonymes*. L'art. 57 laisse aux statuts le soin et le pouvoir de déterminer le nombre d'actions dont chaque administrateur devra être propriétaire. C'est un tempérament excellent : mais au lieu d'en faire une loi d'exception, une disposition de faveur pour les sociétés coopératives, ne pourrait-on pas l'appliquer à toutes les sociétés anonymes en général? Le choix d'administrateurs honnêtes et habiles, que l'on veut faciliter aux coopérateurs (1), a aussi son importance pour les autres sociétés.

---

(1) Exposé des motifs, p. 16.

Les articles 58 et 59 organisent un système de publicité qu'on ne peut qu'approuver. Cependant, on aurait pu, je crois, le simplifier encore en supprimant la formalité d'insertion dans les journaux comme on a supprimé celle de l'affiche. Il est vrai que l'art. 58 n'exige l'insertion que dans un seul journal. C'est une grande diminution de frais; mais la dispense complète aurait pu être accordée sans danger. Le dépôt au greffe de la justice de paix a de grands avantages que nous avons énumérés plus haut. L'art. 59 a soin de dire que la publicité n'est pas imposée pour les augmentations et diminutions qui surviendront dans le capital social ou pour les retraites d'associés autres que les administrateurs. L'art. 60 contient une disposition empruntée à la loi anglaise (1). La faculté accordée à toute personne de se procurer, moyennant un franc, un exemplaire des statuts, est une nouvelle condition de publicité qui ne peut que tourner à l'avantage de la société. La *nullité à l'égard des intéressés* est l'unique sanction des prescriptions légales de publicité. L'art. 61 du projet reproduit à cet égard la disposition du code de commerce. Il aurait pu ajouter, pour mettre fin aux controverses qui ont eu lieu à ce propos : « *La nullité n'aura d'effet que pour l'avenir.* » L'art 62, auquel on peut reprocher d'être un article de statuts plutôt qu'un article de loi, définit les pouvoirs du gérant d'une manière trop absolue. Il aurait dû, il me semble, laisser aux parties le soin de limiter à leur gré l'étendue de ces pouvoirs.

Comme il est aisé d'en juger d'après cette courte analyse, le projet du gouvernement, tout en reconnaissant que

---

(1) Art. 7, loi de 1862.

les sociétés coopératives peuvent se constituer civilement, s'en est occupé surtout au point de vue de la loi commerciale. Les deux seuls articles qui semblent réviser les dispositions du code Napoléon au titre des sociétés, sont l'art. 55 et l'art. 56. L'art. 55 décide, contrairement à une jurisprudence constante, que *la société, quelle que soit sa forme, est valablement représentée en justice par ses administrateurs.* L'art. 56 ne fait qu'ériger en règle générale ce que l'art. 1868 (cod. Nap.) permet comme dérogation au droit commun, à savoir : *que la société n'est point dissoute par la mort, la retraite, l'interdiction ou la déconfiture de l'un des associés.* Ces modifications suffisent-elles pour mettre la loi civile en harmonie avec les besoins des sociétés coopératives? Le projet du gouvernement a-t-il tout prévu? Il appartient certainement à d'autres qu'à nous de résoudre ces graves et difficiles questions. Mais, bien que l'enquête soit close, nous croyons pouvoir nous permettre d'indiquer très-rapidement les réformes qui nous paraissent utiles et désirables.

Que demande-t-on aujourd'hui au législateur? On lui demande de rendre possible et même facile la constitution des *sociétés coopératives,* soit comme sociétés civiles, soit comme sociétés commerciales. On lui demande de faire dans la loi une place au travail. Pour cela, est-il nécessaire de créer, en dehors du droit commun, une classe à part pour les ouvriers associés, ou tout au moins un nouveau type de société? Nous ne le croyons pas. Faut-il au contraire bouleverser toute la législation actuelle sur les sociétés et effacer d'un trait de plume tout ce qui est écrit, en ne laissant à la loi que le droit de conseiller, là où elle a le droit et le devoir de commander? Nous avons vu les dangers d'une pareille doctrine. Il ne reste plus dès lors qu'un parti

à prendre : élargir certaines dispositions, supprimer certaines entraves, en laissant les sociétés coopératives sous
l'empire du droit commun. Ces modifications doivent-elles
avoir un caractère général? Il y en a dont on peut faire profiter toutes les sociétés ; mais il en est quelques-unes qui ne
peuvent pas, sans inconvénient, s'étendre au-delà des sociétés coopératives. De là, cette conséquence : une définition
est nécessaire. C'est la méthode suivie par le projet du gouvernement ; c'est aussi celle que je me suis décidé à adopter
après bien des hésitations.

On se trouve, en effet, en présence de deux écueils : ou
bien il faut définir les sociétés coopératives, ou bien il
faut étendre à toutes les sociétés des facilités qui ne conviennent qu'aux seules sociétés coopératives. Il y a, dans
le projet de gouvernement sur les sociétés, des réformes
générales dont toutes pourront profiter. De ce nombre, est
la disposition de l'art. 13 qui dispense les *sociétés anonymes* de l'autorisation du gouvernement. Mais comment
généraliser, par exemple, la disposition de l'art. 53 du
nouveau projet? La faculté d'émettre des actions ou coupons
d'actions inférieurs à 100 fr., la permission de se constituer
avant la souscription de *tout* le capital social, et d'avoir des
actions négociables avant le versement du quart : voilà des
modifications très-utiles, je dirai presque nécessaires aux
sociétés coopératives qui veulent adopter la forme de la
société anonyme (1) ou de *la commandite par actions*. On a
objecté que si les sociétés coopératives revêtent ces formes,

---

(1) Il n'est plus question de la *société à responsabilité limitée*, qui est
supprimée dans le projet du gouvernement et remplacée par la société
anonyme libre (art. 48).

elles offrent les mêmes dangers et doivent présenter les mêmes garanties que les autres sociétés de capitaux. A cela, je réponds : Veut-on, oui ou non, leur permettre de vivre sous le régime de l'anonymat, de la commandite par actions ? Pourquoi, en effet, les empêcher de profiter du droit commun ? Or, pour qu'elles puissent profiter du droit commun, il faut nécessairement leur accorder les facilités que je viens de mentionner. Il n'en est pas de même des autres sociétés, des grandes compagnies industrielles, qui ont assez d'avances et de capitaux pour vivre et prospérer en se conformant à toutes les conditions imposées par la loi de 1856. Donc, les dérogations que réclament impérieusement le caractère et l'organisation des sociétés coopératives ne sont nullement nécessaires aux autres sociétés. Bien plus, elles deviendraient dangereuses, si on essayait de les généraliser. Le projet du gouvernement a, suivant nous, sagement évité ce premier écueil. Mais alors se présente un second écueil qu'il faut absolument affronter : c'est la définition des sociétés coopératives. Un seul système y échappe : celui de *la liberté des conventions*. En dehors de là, tous ceux qui veulent éluder la difficulté sont réduits à passer sous les fourches caudines. Ainsi, dans un projet de loi que j'ai analysé plus haut (1), et où les sociétés coopératives ne sont pas nommées, je trouve la disposition suivante : « Par dérogation à l'art. 46 du Code de commerce, il n'y a « pas lieu de publier les changements survenus dans le « personnel ou le capital *des associations dans lesquelles* « *la retraite des associés et l'admission de nouveaux mem-*

---

(1) Projet de loi de MM. Vavasseur et E. Jay.

« *bres sont toujours facultatives*, aux termes des sta-
« tuts, etc... »

Les auteurs de ce projet reconnaissent que les dispenses
de publications relatives aux changements survenus dans
le personnel ou le capital ne doivent pas s'étendre à toutes
les sociétés. Ils se voient donc dans la nécessité de dire à
quel genre de sociétés elles doivent s'appliquer. Mais est-ce
là une restriction, est-ce une véritable définition ? Comme
le remarque avec raison l'exposé des motifs dans le projet
de loi du gouvernement, « si une société devait être con-
« sidérée comme société de coopération, par cela seul
« qu'on aurait inséré dans ses statuts la clause que le ca-
« pital social sera variable, les plus vastes entreprises, les
« plus hardies combinaisons pourraient adopter ce ré-
« gime. » Faut-il alors se résigner à définir les sociétés
coopératives par les opérations qu'elles ont pour objet ? Il
est inutile de revenir sur les inconvénients de cette définition.

On peut cependant caractériser autrement la coopération.
Pour moi, sans avoir la prétention de donner une définition
complètement satisfaisante, voici l'amendement que je
proposerais :

« *Les sociétés dans lesquelles le travail et l'épargne col-*
« *lective concourent à former peu à peu tout ou partie*
« *d'un capital qui, par sa nature, est essentiellement va-*
« *riable*, sont soumises aux dispositions générales qui
« régissent les différentes espèces de sociétés civiles ou
« commerciales, sauf les modifications énoncées dans les
« articles suivants. »

Cette définition, plus large que celle de l'art. 54 du projet

de loi, me paraît embrasser toutes les combinaisons auxquelles la coopération a pu et pourra donner lieu. En indi-
quant comme fondements de l'association coopérative le
travail et l'épargne collective, elle n'exclut en aucune façon
le concours du capital et des capitalistes. Il suffit, en effet,
que le travail et l'épargne figurent dans la société pour une
part quelconque. C'est le sens de ces mots : *tout ou partie
d'un capital.* Enfin, les changements continuels, les variations du capital, qui ne sont qu'une conséquence de la
mobilité du personnel, y sont mentionnés, non plus comme
signe distinctif, mais comme condition accessoire.

D'après l'art. 51, les sociétés coopératives restent sous
l'empire du droit commun, *sauf les modifications* énoncées
au titre IV du projet de loi. Mais, après avoir lu et médité
le titre IV, on est convaincu qu'il laisse subsister des entraves qu'il serait important de supprimer :

1° *Dans le Code Napoléon.*

L'art. 1853, alinéa 2, assimile l'industrie à l'apport le
plus faible, lorsque les parties n'ont rien réglé à cet égard.
La raison qui en a été donnée, c'est que c'est à *l'industriel*
à fixer sa part dans les statuts. « Cette raison est plus oppo-
« sable encore au capitaliste qui sera souvent plus éclairé
« ou mieux conseillé qu'un simple travailleur. » De plus,
pour que l'évaluation de l'art. 1853 soit possible, il faut
qu'il y ait des associés capitalistes qui servent de point de
comparaison (1).

---

(1) Voir ce que nous avons dit plus haut sur l'art. 1853. Troplong,
Contrat de société, tom. 2, n° 617.

Nous proposerions donc la modification suivante :

« *Lorsque l'acte de société ne détermine point la part de*
« *chaque associé dans les bénéfices ou pertes, la part de*
« *celui qui a apporté son industrie est réglée comme si sa*
« *mise eût été égale à celle de l'associé* QUI A LE PLUS *ap-*
« *porté. Si tous les associés ont fait un apport en indus-*
« *trie, la part de chacun est réglée d'après l'estimation*
« *portée à l'inventaire à la fin de chaque exercice.* »

L'art. 1863, comme nous l'avons vu, ne permet aux
parties que la *responsabilité proportionnelle*. Or, il est très-
utile et sans danger que les membres d'une société coopérative civile puissent stipuler dans l'acte qu'ils ne seront
tenus à l'égard des tiers que jusqu'à concurrence de leur
mise. C'est ce qu'il est nécessaire d'ajouter à l'art. 1863 :

« *Les associés pourront aussi stipuler dans l'acte qu'ils*
« *ne sont passibles des pertes que jusqu'à concurrence de*
« *leur mise dans le fonds social.* »

C'est la responsabilité des commanditaires, qui comprend
tout à la fois et *l'obligation* aux dettes à l'égard des créanciers, et la *contribution* définitive entre associés.

Enfin, il résulte de l'art. 1869 et de l'art 1865 (3e alinéa),
que la société peut se dissoudre par la volonté *qu'un seul*
ou plusieurs expriment de n'être plus en société. Il est
vrai que cette disposition ne s'applique qu'aux sociétés dont
la durée est illimitée (1869). Mais il peut y avoir un grand
intérêt pour une société coopérative à se donner une durée
illimitée : et il ne faut pas qu'un associé qui désire se retirer (ce qui se présente très-souvent), puisse amener la dissolution de la société. Je propose donc d'ajouter à l'art. 56
du projet :

« *La volonté exprimée par un seul des associés de n'être*

« *plus en société ne peut être non plus une cause de disso-*
« *lution.* »

Il est inutile d'ajouter que les formalités de publicité pres-
crites par les art. 58 et 59 du projet s'appliquent aux sociétés coopératives civiles.

2° Dans le Code de commerce.

1° Le *gérant* d'une *société en commandite* est-il révocable par la majorité des associés réunis en assemblée générale ? Il est admis par quelques auteurs que le gérant
ne saurait être révoqué que par l'unanimité des associés,
que même il est irrévocable tant que la société n'est
pas dissoute (1). La jurisprudence est d'un avis opposé.
Mais le doute est déjà un grand embarras. Il faut que le
gérant d'une société coopérative en commandite puisse être
révoqué, non pas *ad nutum*, comme dans la société anonyme, mais par décision de la majorité des associés.

Quelle que soit la forme adoptée par la société, les gérants
pourront toujours être révoqués par l'assemblée générale à
la majorité absolue des voix.

2° L'art. 21 de la loi de 1863 sur les *sociétés à responsa-*
bilité limitée, reproduit par l'art. 15 du projet sur les *sociétés*
anonymes, décide que « *le nombre des associés ne peut être*
inférieur à sept. »

« Pourquoi a-t-on fixé ce nombre de sept personnes ?
« Est-ce afin de rendre possible la formation d'un conseil

---

(1) Bravard Veyrières. *Traité du droit commercial,* annoté par De-
mangeat, tom. 1er, p. 228-29.

« de surveillance? Mais peut-on songer sérieusement à une
« société de sept individus, dont l'un est gérant et cinq au-
« tres composent le conseil de surveillance ; en sorte qu'il
« en reste un seul pour former le corps dans cet orga-
« nisme monstrueux?... (1). » Nous avons montré combien
cette exigence arrêterait l'éclosion des sociétés coopératives. Il faut donc abroger en leur faveur l'art. 24. Et pourquoi ne l'abrogerait-on pas d'une manière générale? On a
déjà proposé de réduire à trois membres le conseil de surveillance ; mais il n'y a pas de raison sérieuse pour s'arrêter
là, car dans une société de deux membres, il y aura une
surveillance mutuelle tout aussi efficace que « dans les so-
« ciétés pourvues du plus imposant conseil de surveillance. »
Ces considérations, très-bien présentées par MM. Vavasseur
et E. Jay, me décideraient à demander la suppression absolue de l'art. 24 de la loi de 1863.

Telles sont les lacunes qui nous paraissent devoir être
comblées dans le titre IV du projet de loi sur les sociétés
coopératives. Quant aux modifications qui nous paraissent
désirables, nous les avons fait connaître : elles se réduisent
à trois :

1° Ne pas exiger que les statuts déterminent un *minimum* de capital social (art. 52, 2°).

Modifier ainsi l'art. 53 (2°).

« *Dans les mêmes cas, la souscription de la moitié du*
« *capital qui consiste en numéraire et le versement du*
« *dixième pourront être valablement constatés par une dé-*

---

(1) V. le projet de loi de MM. Jay et Vavasseur, p. 34.

« claration sous signature privée du gérant et des fonda-
« teurs. »

L'art. 53 du projet de loi, en exigeant la souscription de
la totalité du capital social, vise l'art. 52 qui exige que les
associés déterminent le chiffre au-dessous duquel le capital
ne pourra être réduit. Nous supprimons cette disposition
comme une garantie illusoire, et nous exigeons la souscription de *la moitié du capital qui consiste en numéraire.*
Par là, la société aura suffisamment prouvé qu'elle est sérieuse et en état de fonctionner. On n'aura pas l'embarras
d'évaluer l'apport *travail,* et on aura assez de latitude pour
que le capital social puisse être diminué ou augmenté par
l'admission de nouveaux membres ou la retraite des anciens.

2° Dispenser complètement les sociétés coopératives de
l'insertion dans les journaux (art. 58). Les autres formalités de publicité suffisent amplement.

3° Ajouter à l'art. 61 : « *La nullité n'aura d'effet que*
« *pour l'avenir.* »

Enfin, nous demandons la suppression de l'art. 62 du
projet comme trop restrictif. Les pouvoirs du gérant ne
doivent pas être précisés par la loi. C'est aux parties à régler cette question dans les statuts.

Bien d'autres réformes ont été demandées. On a proposé
notamment d'introduire dans le titre IV, à l'usage des sociétés coopératives, la *responsabilité proportionnelle* ou *mutualité contributive,* qui est le droit commun pour les sociétés *civiles,* mais qu'on voudrait faire admettre même
pour les sociétés commerciales. Nous avons vu quels inconvénients il y a à l'imposer comme règle obligatoire et géné-

rale aux coopérateurs. Je ne vois pas non plus quel
avantage il y aurait à la rendre facultative en matière commerciale. Elle n'offre pas aux tiers les mêmes garanties que
la responsabilité solidaire des associés en nom collectif.
Elle ne rassure pas les associés comme la responsabilité des
commanditaires. Ce serait faire fort mal à propos une révolution dans la législation commerciale en faveur des sociétés
coopératives. On a parlé aussi d'établir pour elles un bureau
général de renseignements comme en Angleterre. Le bureau
de renseignements, c'est le greffe de la justice de paix ;
c'est le siège de la société où chacun peut se procurer une
copie des statuts. En définitive, le projet de loi du gouvernement, avec les amendements que nous avons eu peut-
être de la témérité à proposer, satisfait à toutes les exigences, répond à tous les besoins.

En abordant cette étude, j'avais espéré que le projet de
loi sur les sociétés coopératives serait discuté cette année,
que la discussion me guiderait, m'éclairerait, peut-être
même que je n'aurais plus qu'à apprécier et à commenter
une loi nouvelle. Mais à l'heure où j'écris ces lignes, la
session du corps législatif touche à son terme, et la loi n'a
pas été présentée. L'examen de la question juridique m'a
amené à cette conclusion : « L'existence légale des sociétés
coopératives est entourée d'entraves qui la rendent très-difficile aujourd'hui. Donc, il y a quelque chose à faire. »
Je ne pouvais m'arrêter là et dire : Voilà le mal, sans indiquer le remède. C'est ce que j'ai essayé de faire en traitant
la question au point de vue législatif. — Heureux, si cette
œuvre, très imparfaite sans doute, peut contribuer en quelque chose à la réalisation d'un progrès qui intéresse toutes
les classes de la société.

TABLE DES MATIÈRES.

12*

POSITIONS.

—————

DROIT ROMAIN.

I. Lorsque le *pacte de constitut* est intervenu entre le créancier et un nouveau débiteur, le débiteur primitif peut opposer au créancier l'exception *doli mali*.

II. Lorsque la vente a été faite sous cette condition : *Quanti ille æstimaverit*, et que l'arbitre a fixé un prix injuste, le *judex* peut, sur la demande du vendeur, révoquer cette estimation.

III. La règle posée par la loi 8 au Code *de hæredibus instituendis* peut se concilier avec la loi 3, § 4, *de bonorum possessionibus*, qui accorde aux syndics des corporations le droit de demander au préteur la *bonorum possessio*.

IV. Il n'y a pas antinomie entre la loi 2 au Digeste *De rebus dubiis*, et la loi 20 du même titre.

—————

DROIT FRANÇAIS.

DROIT CIVIL.

I. Une société civile ne peut pas se constituer en commandite.

II. Le non-accomplissement de la promesse de procéder à la célébration du mariage religieux après la célébration du mariage civil, n'est pas une cause de nullité du mariage, mais une cause de séparation de corps (art. 180-306, C. N.).

III. La mère de l'enfant né d'une union illégitime a le droit d'intenter une action en dommages et intérêts contre celui qui l'a séduite par de fausses promesses de mariage. Les tribunaux qui font droit à cette demande ne violent pas l'art. 340 du Code civil.

IV. — Les descendants légitimes de l'enfant naturel peuvent, après le décès de ce dernier et lorsqu'ils ne sont plus considérés comme personnes interposées, recevoir de ses père et mère des libéralités excédant les limites fixées par l'art. 908 (Cod. Nap.)

V. Le legs fait par un mineur de plus de seize ans est valable, bien que le légataire devienne son tuteur après la confection du testament (art. 907, Cod. Nap.)

VI. Le remploi anticipé fait par le mari avant l'aliénation des propres de la femme est valable (art. 1435).

DROIT COMMERCIAL.

I. Le gérant d'une société en commandite est révocable.

II. La nullité édictée par l'art. 42 (Cod. de comm.) peut être opposée par un associé à son coassocié.

Lorsque la société non publiée a reçu un commencement d'exécution, la nullité n'a d'effet que pour l'avenir.

DROIT ADMINISTRATIF.

I. La commune à laquelle un legs a été fait peut, par une demande en délivrance antérieure à l'autorisation exigée par l'art. 910, faire courir les intérêts ou fruits de manière à pouvoir les réclamer avec le principal lorsque l'autorisation aura été obtenue. (Art. 1014, Cod. Nap., et art. 55 et 48 de la loi du 18 juillet 1837).

II. Le fermier ou locataire exproprié pour cause d'utilité publique n'a pas droit à réclamer une indemnité, lorsque son bail n'a pas date certaine.

PROCÉDURE.

I. L'art. 23 du Code de procédure s'applique à toutes les *actions possessoires*.

DROIT PÉNAL.

Lorsque, après avoir été condamné par contumace à une peine afflictive ou infamante, l'accusé n'est ensuite déclaré coupable contradictoirement que d'un délit emportant une simple peine correctionnelle, la prescription de cette peine lui est acquise s'il s'est écoulé cinq ans depuis sa condamnation par contumace jusqu'à son arrestation.

Le Président de la Thèse,

A. COURAUD.

Vu :

Le Doyen,

BURDET.

Vu :

Le Recteur,

COURTADE.

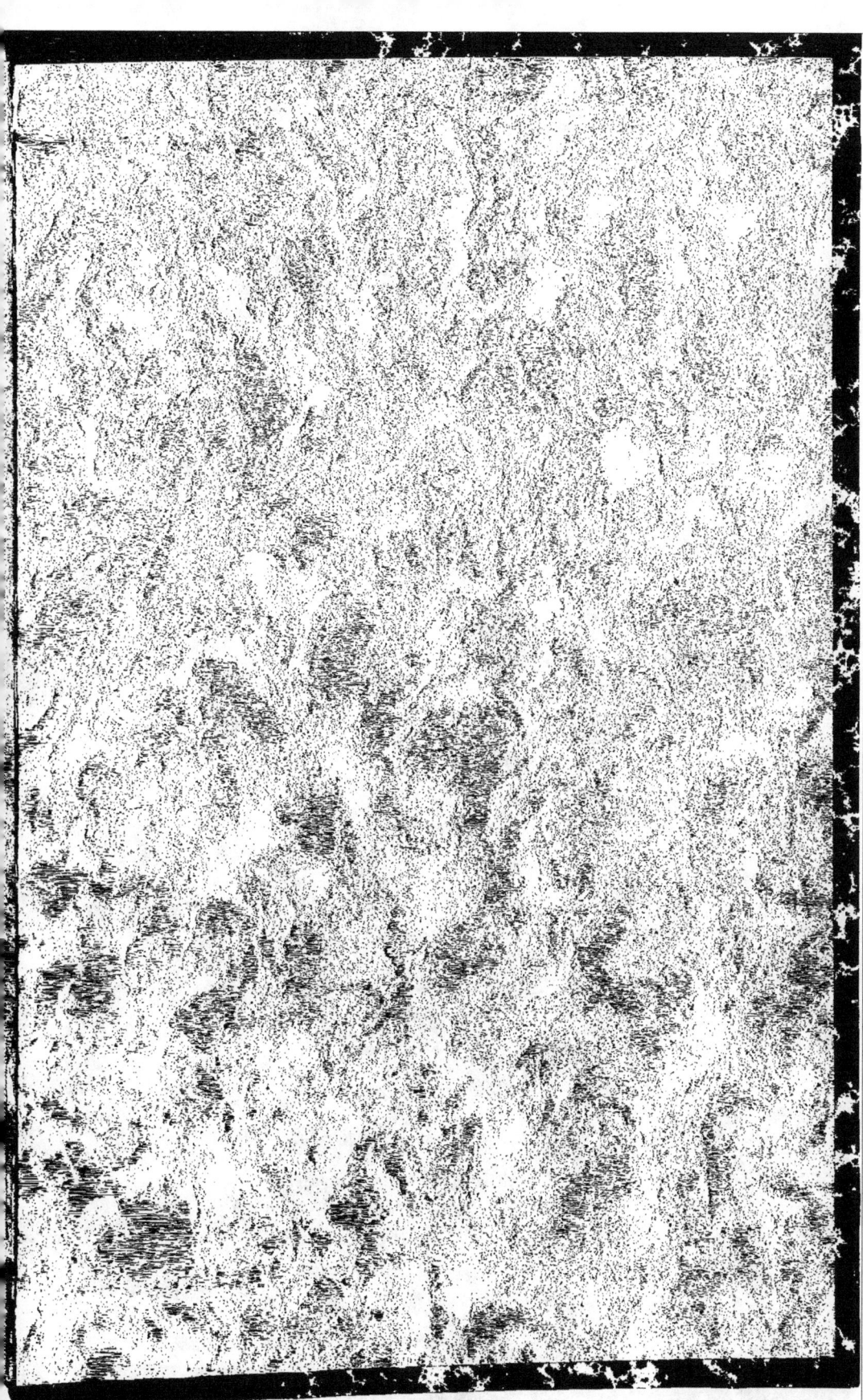

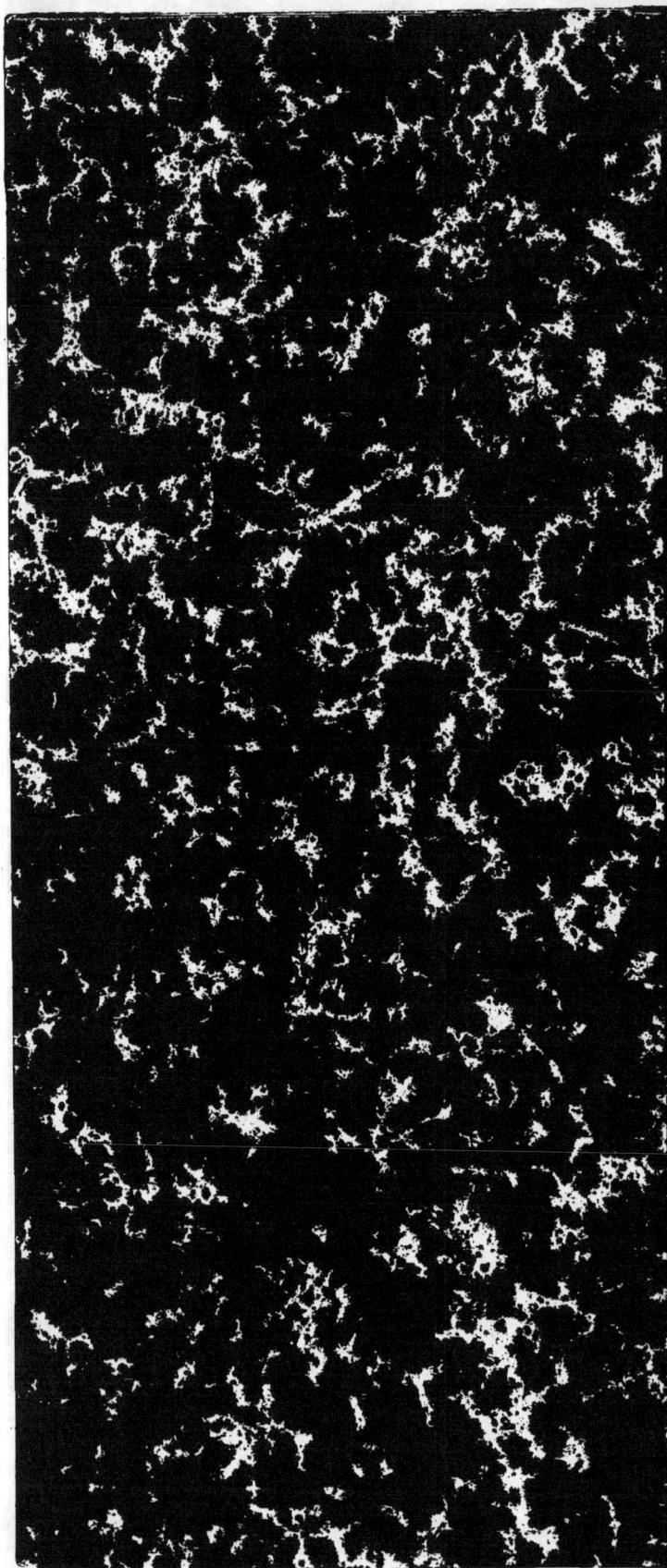

www.ingramcontent.com/pod-product-compliance
Lightning Source LLC
Chambersburg PA
CBHW070525200326
41519CB00013B/2939